GENUSS

Über Epikur, Erdmandeln und
Experimente beim Essen

Eva Derndorfer

maudrich

Dr.in Eva Derndorfer
Ernährungswissenschafterin und Spezialistin im Bereich der Lebensmittelsensorik;
Diplom-Käsesommelière, Teesommelière, Kaffee-Expertin; Lehrbeauftragte im
österreichischen Hochschulsektor; veranstaltet Sensorikschulungen und Methodenworkshops.

Bibliografische Information der Deutschen Nationalbibliothek
Die Deutsche Nationalbibliothek verzeichnet diese Publikation in der Deutschen
Nationalbibliografie; detaillierte bibliografische Daten sind im Internet über
http://dnb.d-nb.de abrufbar.

Satz: Norbert Novak & Hani Aghakhani, www.media-n.at
Umschlagabbildung: © Eva Derndorfer & Andreas Baierl
Druck: Druckerei Berger Horn
Printed in Austria
ISBN 978-3-85175-939-6

Inhaltsverzeichnis

Vorwort

Vorwort

Essens-Genuss in all seinen Facetten ist das Thema dieses Buches!

Es soll …

… interessieren!
Was ist Genuss? Ist genießen zu können eine Gabe oder eine Einstellungsfrage? Was macht den Genuss beim Essen aus? In welchem Spannungsfeld bewegen sich Genuss, Lust, Appetit, Hunger, Sättigung, aber auch das Fasten? Wo beginnt Dekadenz? Was sagten alte Philosophen zum Genießen, und wie ist es heute um die Genussfähigkeit der Österreicher und Deutschen bestellt? Antworten auf diese Fragen gebe ich Ihnen in Kapitel 1!

… informieren!
In Kapitel 2 geht es um Genussmittel. Unerwartete Gemeinsamkeiten von Kaffee, Tee, Schokolade und Wein werden aufgezeigt. Das Terroir hat nicht nur bei Wein Bedeutung, und auch Fehlaromen sind verblüffend ähnlich! Woran erkennen Sie die beste Qualität? Ich mache Ihnen konkrete Vorschläge für Verkostungen und gebe Ihnen Tipps für die perfekte Zubereitung von Tee und Kaffee.

Sortenvielfalt eignet sich zur Ausdifferenzierung des persönlichen Geschmacks. Alte und neu entdeckte Sorten sind somit für alle Genießer ein breites „Betätigungsfeld“. Ich stelle bunte Kartoffeln, alte Getreidesorten, Gemüseraritäten und Öle als Vertreter aller „Genussmittel im weiteren Sinn“ vor und gebe Ihnen Anregungen, welche Köstlichkeiten Sie aus Sortenraritäten zubereiten können.

… inspirieren!
Genuss bietet meist nicht der Verzehr einzelner Lebens- und Genussmittel, sondern ihre Kombination. Kapitel 3 greift daher Kost-Paare auf. Was macht Harmonie von Speisen bzw. Speisen und Getränken aus? Stimmt das Zusammenpassen aus geschmacklicher Sicht immer mit gesundheitlichen Aspekten überein? Ist das, was zusammenpasst, verallgemeinerbar oder schmeckt ohnehin jedem etwas anderes? Warum passen manche Kombinationen gut zusammen, auch wenn sie auf den ersten Blick überraschend anmuten? Sie erhalten konkrete Beispiele für Kombinationen, die es sich auszuprobieren lohnt! Außerdem möchte ich Sie anregen, unterschiedliche Getränke als spannende Speisenbegleiter zu versuchen.

… Interviewpartner präsentieren!
In Kapitel 4 kommen Persönlichkeiten zu Wort: Jahrhundert-Koch Eckart Witzigmann, Krimiautorin und Köchin Eva Rossmann, Slow Food Conviviumleiterin Weinviertel Gabriele Gansler, Gartengenuss-Spezialistin und Autorin Ute Woltron, Abt Martin Josef Felhofer vom Stift Schlägl mit der einzigen Stiftsbrauerei Österreichs, die Initiatorin der österreichischen Genussstudie Marlies Gruber und der Psychologe und Initiator der Genusstherapie „Die kleine Schule des Genießens", Rainer Lutz.

… instruieren!
Schärfen Sie Ihre Sinneswahrnehmung! In Kapitel 5 gebe ich Ihnen Anleitungen zum Training der eigenen Sinne. Die Experimente sind eine Hitliste meiner jahrelangen Workshop-Tätigkeit und haben mein Publikum fasziniert. Da wir gerne über Essen reden, die richtigen Worte aber meist fehlen, durchziehen sensorische Beschreibungen von Lebensmitteln das ganze Buch und sind in Kapitel 5 zusammengefasst. Das Buch ist somit auch ein Lexikon von Sinneseindrücken. Wonach riechen und schmecken Tomaten außer nach Tomaten? Die Weinansprache kennen viele Weinliebhaber – aber wie kann man Käsesorten beschreiben und wie lautet die „Ansprache" für Grüntee, Reis, Apfelsorten oder Olivenöl? Nach der Lektüre dieses Buches finden Sie die passenden Worte.

… Geschichten erzählen!
Legenden über Genussmittel, die Geschichte alter Gemüsesorten, der Ursprung der Panier, die Herkunft skurriler Produkte und Essens-Anekdoten aus Romanen sind über das ganze Buch verstreut. Mehr als 100 Fotos und Abbildungen erzählen nonverbal über Genuss!

Ein Buch ist ein Garten, den man in der Tasche trägt.
(Aus dem Arabischen)

Viel Genuss beim Lesen wünscht Ihnen
Eva Derndorfer

1 Genuss

1 Genuss

Genuss ist buchstäblich in aller Munde: Genussmittel, Genussrezepte, Genussschulungen, Genussregionen, Genusswochenenden und Genussfeste versüßen uns das Leben. Einige Millionen Ergebnisse ergibt eine Google.at-Anfrage zum Thema Genuss. Dabei bezieht sich Genuss nicht ausschließlich, aber doch dominant, auf Essen. Aber was ist Genuss eigentlich? Wie grenzt sich der Genuss von der Lust ab? Kann Genuss inflationär sein? Ist genießen zu können eine Gabe oder eine Einstellungsfrage? Und was macht den Genuss beim Essen aus?

Genuss begreifen

Laut Duden bedeutet Genuss Verzehr, Konsum, Freude, Hochgenuss, Lust, Vergnügen, Erquickung, Gaumenfreude, Gaumenkitzel, Labsal. Genuss und Lust werden als Synonyme, nicht als separate Empfindungen gesehen. Im Gegensatz dazu grenzt die deutsche Dr. Rainer Wild-Stiftung, Trägerin des Internationalen Arbeitskreises für Kulturforschung des Essens, Genuss und Lust voneinander ab. Genuss ist steuerbar, ganzheitlich körperlich-seelisch-geistig, entspannend, bewusst, sympathisch, maßvoll, nicht selbstverständlich und wird aktiv gesucht. Genuss hat einen biografischen Bezug und benötigt Erfahrung. Lust hingegen ist triebhaft, unfrei, unkontrolliert und nicht steuerbar. Gemeinsam haben Lust und Genuss das intensive Glücksgefühl, die Sinnlichkeit, das Wohlbefinden, die Lebenskraft, ein befriedigendes, aber zeitlich begrenztes Erleben, Individualität und Freude.

Einige meiner Freunde sehen den Unterschied zwischen Genuss und Lust vor allem im zeitlichen Aspekt. Die Lust kommt zuerst und ist der Antriebsmotor, um ein Genusserlebnis herbeizuführen. Auf Essen bezogen heißt das, dass die Lust zum Kochen oder auch zum Essen im Restaurant motiviert – und der Genuss sich hoffentlich beim Ergebnis einstellt. Lust kann also in Genuss übergehen.

In der Ernährungspsychologie wird zwischen *Liking*, etwas gerne mögen, und *Wanting*, dem Verlangen nach etwas, das fehlt, unterschieden. *Liking* und *Wanting* sind zwei separate Empfindungen, die aber häufig gemeinsam auftreten. Genuss spiegelt sich im *Liking*, Lust im *Wanting* wider.

Etymologisch stammt **genießen** in keiner Weise von etwas Sinnlichem, sondern vom althochdeutschen *giniozan* ab, was „sich etwas zu Nutzen machen"

Der griechische Philosoph Epikur (341–271/270 v. Chr.) war der Genussphilosoph schlechthin

und „aufbrauchen“ bedeutet. Dieser sehr praktikable Ansatz spiegelt sich zwar im Essen wider, da wir Lebensmittel aufbrauchen und uns die gewonnene Energie in der Folge zu Nutze machen. Der dabei hoffentlich vorhandene Genuss laut heutiger Sicht ist aus *giniozan* nicht ableitbar.

Das Wort *genießen* impliziert darüber hinaus einen gemeinsamen, keinen einsamen Akt. Die Vorsilbe „ge“ stand ursprünglich für zusammen, vereinigt, und auch im Wort Mahlzeit ist das Gemeinsame enthalten, denn *mahal* bedeutet Versammlung, die Mahlzeit daher eine Zeit der Versammlung. Gemeinsame Mahle waren historisch bedeutender als sie es heute sind. Im Frühmittelalter galt das Festmahl als Friedensversicherung, und gemeinsames Essen und Trinken festigte die überlebensnotwendige Gemeinschaft.

Über Genuss philosophieren

Nicht nur der Genussbegriff, auch die philosophische Auseinandersetzung mit dem Thema Genuss ist nicht neu. Bereits der griechische Philosoph Epikur (341 bis 271/270 v. Chr.) befasste sich eingehend mit Genuss. Er wurde allerdings oft missinterpretiert, es wurden ihm Völlerei und Maßlosigkeit unterstellt.

Epikur beschäftigte sich mit dem individuellen Glück im Sinne von Lust und der Freiheit von Schmerzen. Das höchste Ziel war laut Epikur die gelassene Lust. Um sie zu erreichen, muss man sich sowohl von äußeren als auch inneren Einflüssen, welche die Seelenruhe bedrohen, sprich: von Begierde, Lüsten, Trauer und Furcht befreien und so zur innerlichen Autarkie gelangen.

Das heißt aber nicht, dass der Essensgenuss für Epikur keine Rolle spielte. Anfang und Wurzel alles Guten war laut Epikur die Freude des Magens! Seine Aussage, dass der weise Mann[1] nicht die größte Menge, sondern das wohlschmeckendste Lebensmittel auswählt, zeigt, dass Epikur nicht Überfluss und Schlaraffenland predigte, sondern **Qualität vor Quantität**. Wer Lust genießen möchte, ohne danach Schmerzen zu haben, und wer sich nicht überwältigen lassen will von seiner Lust, gewinnt laut Epikur die höchste Lust durch den Verzicht auf selbige. Unersättlich sei zudem nicht der Magen, „sondern die falsche Meinung über die Möglichkeit, den Magen unbegrenzt anzufüllen."[2]

Generell war das Sinnliche für Epikur ein Thema, nicht nur beim Essen. Was sollte man sich unter dem Guten vorstellen, wenn man auf Liebe, Gaumenfreuden, die Freuden des Hörens, auf optische Freuden beim Ansehen von Bewegungen eines schönen Körpers und andere sinnliche Freuden verzichten müsste? Alles Gute – wie auch alles Übel – lag nach Epikur in der Empfindung und Wahrnehmung.

Ein wesentlicher Aspekt des Genusses ist aber nicht nur körperlicher, sondern auch kognitiver Natur. Der Verstand und das Auswählen waren für Epikur zentraler Aspekt des Genießens. Nicht Trinken, ein Fest nach dem anderen, eine luxuriöse Tafel machen das Leben lustvoll, sondern ein nüchterner Verstand, der die Gründe für das Wählen und Meiden herausfindet. Epikur war somit nicht nur Philosoph, sondern auch **Gastrosoph**.[3] An der Universität Salzburg wird mittlerweile ein eigener Universitätslehrgang den Gastrosophischen Wissenschaften gewidmet und eine Online-Zeitschrift namens Epikur herausgebracht.

Wichtiger als das Essen selbst war Epikur, mit wem er speiste: „Man muss eher darauf achten, mit wem man isst und trinkt, als was man isst und trinkt. Denn ohne einen Freund gleicht das Leben der Nahrungsaufnahme eines Löwen und eines Wolfes."[4]

---

1 Epikurs Schule stand aber auch Frauen offen.
2 GV59. In: Epikur. Philosophie des Glücks. Zimmermann B. 2006, S. 39.
3 Der Begriff Gastrosophie setzt sich aus Magen (gastro-) und Weisheit (sophia) zusammen.
4 Sen. Ep. 19, 10=542 Us. In: Epikur. Wege zum Glück. Herausgegeben und übersetzt von Rainer Nickel. Artemis und Winkler, 2005.

Dieser Aussage kann ich mich persönlich nicht anschließen. Beides ist mir wichtig, **was und mit wem** ich esse. Dass dieses Thema polarisiert, zeigen jedoch die Interviews in Kapitel 4 auf. Manchen ist das Essen wichtiger, anderen der soziale Aspekt.

Die Ergebnisse einer Befragung von über 65-jährigen Personen aus acht EU Ländern ergab, dass der Stellenwert der Gesellschaft beim Essen nicht ganz so hoch ist wie von Epikur seinerzeit angesehen. Den befragten Seniorinnen und Senioren zufolge war eine nette Umgebung beim Essen sogar etwas wichtiger als die Gesellschaft anderer Menschen beim Essen, die jedoch auch nicht unbedeutend war. Am wichtigsten war ihnen allerdings, dass die Gerichte schmeckten!

Über Genuss sprechen

Wir sprechen und essen mit dem Mund. Während das Essen alleine möglich ist, benötigen wir eine weitere Person, um über das Essen sprechen zu können. Dass viele Menschen gerne übers Essen reden, hat soziale, informative, aber auch sinnliche Gründe. Denn über das Essen zu sprechen erhöht die Aufmerksamkeit für das Gegessene.

Semantisch sind dem Austausch rasch Grenzen gesetzt. Versuchen Sie einmal, jemand anderem eine Speise so zu beschreiben, dass dieser eine genaue Vorstellung davon bekommt, ohne die Speise jemals gesehen, geschweige denn gekostet zu haben. Wie sieht sie aus, wie duftet sie, wonach schmeckt sie, und was sticht zeitlich zuerst heraus, was später? Wie fühlt sie sich im Mund an? Es ist definitiv leichter, über das Essen zu reden, wenn man gemeinsam am Tisch sitzt und unser Gegenüber sieht, was wir essen, als jemandem, der nicht dabei war, ein Geschmackserlebnis nachträglich zu beschreiben!

Auch wenn sich das **Tischgespräch** um andere Themen als das Essen dreht – genussrelevant ist es allemal. Der im Jahr 2000 verstorbene amerikanische Schauspieler Walter Matthau drückte seine Meinung unmissverständlich aus: „Für ein gutes Tischgespräch kommt es nicht so sehr darauf an, was sich auf dem Tisch befindet, sondern was sich auf den Stühlen befindet.“

Genießer und Gourmet

Essen kann man – theoretisch – nebenbei, am Schreibtisch, beim Autofahren, beim Fernsehen. Genuss entsteht definitiv nicht nebenbei, er fällt nicht vom Himmel (wenn, dann vom Baum oder Strauch), er verlangt nach Aufmerksamkeit. Genießen lassen sich alltägliche ebenso wie außergewöhnliche Freuden. Genuss ist daher auch nicht notwendigerweise eine Steigerungsstufe des Normalen. Der ultimative Genuss liegt für viele im Einfachen, das zeigen auch die Interviews in Kapitel 4 auf. Nicht nur **Haute Cuisine**, auch ein Baguette mit perfekt gereiftem Käse in Frankreich, die mitgebrachte Jause am Berg oder reife Beeren, frisch gepflückt und in den Mund gesteckt, sind wahre Hochgenüsse!

Man kann genießen, ohne Gourmet zu sein, umgekehrt sind Gourmets definitiv sachkundige Genießer. Allerdings setzt eine gute und sinnvolle Auswahl beim Essen ein gewisses Grundwissen über Lebensmittel, deren Qualität und auch Gesundheit voraus. Eine kulinarische Grundbildung ist Allgemeinbildung, die eigentlich genauso selbstverständlich im Pflichtschulalter vermittelt werden sollte wie Geografie und Geschichte. Womit wir wieder bei Epikur sind, der Verstand und Auswählen als zentrale Genusselemente betrachtete.

Zurück zu den **Gourmets**! Einer Untersuchung zufolge sind die Zungen von Berufsgourmets und Spitzenköchen mit überdurchschnittlich vielen Geschmackspapillen ausgestattet. Man schmecke und staune! Allerdings ist der Geschmack nur ein Bruchteil dessen, was wir beim Essen wahrnehmen, der Geruchssinn dominiert. Beim Geruch werden pronasaler Geruch (das klassische Riechen durch die Nase) und retronasaler Geruch (Riechen, während das Produkt im Mund ist) unterschieden. Was wir beispielsweise als Kaffeegeschmack bezeichnen, ist primär eine Frage des Geruches, denn es besteht eine direkte Verbindung zwischen Mund und Riechschleimhaut der Nase. Die natürlichen Kaffeearomen steigen beim Trinken zur Riechschleimhaut der Nase auf. Da wir den Kaffee trinken, glauben wir, es handelt sich dabei um Geschmack. Der Geschmack reduziert sich jedoch nur auf die fünf **Grundgeschmacksarten** süß, sauer, salzig, bitter und umami,[5] die wir mithilfe von Rezeptoren wahrnehmen. Die Geschmacksrezeptoren befinden sich in Geschmacksknospen und diese wiederum in den Papillen. Wenn man bedenkt, dass wir nur fünf Eindrücke schmecken können, ist die Papillen-

5 Das Wort „umami" kommt aus dem Japanischen und bedeutet übersetzt „köstlich". Umami-Geschmack kommt vor allem in eiweißreichen Produkten vor. Umami gilt seit 2002 offiziell als fünfte Grundgeschmacksrichtung.

Anzahl von Köchen für die gesamte sensorische Wahrnehmung nur bedingt aussagekräftig. Ob Köche einen besseren Geruchssinn haben, ist noch nicht untersucht.

Wie gut unsere Sinne auch ausgeprägt sein mögen – Genuss ist immer an sinnliches Erleben gebunden, neben Schmecken und Riechen auch Sehen, Hören und Fühlen.

Zweifelsohne isst das Auge mit. Food Design für Speisefotos, Gemüseschnitzereien, die Speisenpräsentation in guten Restaurants, schönes Geschirr, monströse Rotweingläser, und nicht zuletzt die **molekulare Küche**, die ihren Zenit überschritten hat, sind Ausdruck dafür, wie sehr die Optik zählt.

Nur auf Optik kann und soll die Molekularküche zwar nicht reduziert werden, auch Geschmack und vor allem die Textur der Speisen stehen im Fokus. Viele Produkte werden in einem unüblichen Aggregatzustand und damit mit neuer Textur serviert, Lebensmittel de- und rekonstruiert. Daneben setzt die Molekularküche gezielt auf Dekontextualisierung: Pralinen werden aus Fleisch, Eis und Zuckerwatte aus Gemüse hergestellt. Manche Techniken wurden in die „normale gehobene Küche“ eingebürgert, und es wurden sicherlich viele Erkenntnisse über Küchentechnik, Chemie und Sensorik gewonnen. Als Nebeneffekt hat die molekulare Gastronomie jedoch die Verwendung vieler Zusatzstoffe in der Gastronomie salonfähig gemacht. Heinz Hanner, renommierter österreichischer Koch, sieht bei der Molekularküche ein Defizit im Kauen, wodurch das Sättigungsgefühl ausbleibt.[6]

Sehen führt nicht nur zum Genuss, es beendet ihn auch wieder. Denn das sehende **Auge** beeinflusst normalerweise, wann wir aufhören zu essen. Wer normalerweise sieht, was er isst, dem fehlen Informationen beim *Dinner in The Dark*. In einem Experiment bekam die Hälfte der Teilnehmer normale Portionen und die andere Hälfte extragroße Portionen in einem komplett verdunkelten Restaurant serviert. Zum Vergleich gab es eine dritte Gruppe, die bei Normalbeleuchtung die gleichen Gerichte verspeiste. Die im Dunkeln Essenden aßen beinahe alles auf, unabhängig von der Menge am Teller. Personen mit extragroßen Portionen konsumierten somit mehr als diejenigen, die bei Normalbeleuchtung aßen und visuelle Informationen als Mengenorientierung hatten.

6 Wagner H. In: Geschmacksache. Was essen zum Genuss macht, Technisches Museum Wien, 2008.

Auch das **Ohr** isst und trinkt mit, denn bei Hintergrundmusik essen wir mehr und länger! Lautstärke und Schnelligkeit der Musik spielen dabei keine Rolle. Wer Musik hört, während er ein Glas Wein trinkt, empfindet zudem den Wein anders, abhängig von der jeweiligen Musik. Bei kraftvoller, schwerer Musik schmeckt auch der Wein kraftvoll und schwer, während derselbe Wein bei zarter, feiner Musik als zart und fein empfunden wird. Bei schwungvoller, erfrischender Musik wird auch der Wein als solcher wahrgenommen, während sanfte, weiche Musik in einer höheren Bewertung von sanft und weich resultiert – so eine englische Studie. Bei Rotwein wirkt sich die Musik noch drastischer aus als bei Weißwein. Männer und Frauen reagieren ähnlich auf die Musik. Probieren Sie's mit Ihrer Familie oder Freunden aus!

Bei Abwesenheit von Musik können hingegen etwaige **akustische Elemente** des Lebensmittels selbst gehört werden. Knackigkeit und Knusprigkeit beim Brechen oder Abbeißen mancher Lebensmittel sind ein Zeichen von Frische. Wird heißer Tee auf einen großen Kandiszucker[7] gegossen, knistert der Kandiszucker.

Letztlich die **Textur**: sie ist wiederum maßgeblich daran beteiligt, ob wir Speisen mögen oder nicht! Glatte und raue Oberflächen, Härte oder Weichheit, Cremigkeit und Schleimigkeit werden neben Temperatur und Schmerz über die Hautsinne in Hand und Mund wahrgenommen. Produkte, die eine Kombination verschiedener Texturen darstellen, sind besonders beliebt: Knusprig-knackige und cremige Elemente zugleich, luftiger Schaum auf Getränken, das verleiht Genuss! Umgekehrt ist das **Mundgefühl** oft Grund, warum wir etwas nicht mögen oder sogar Ekel empfinden. Unangenehme, schleimige Konsistenzen werden abgelehnt. Die individuelle Zusammensetzung unseres Speichels hat in dieser Hinsicht Genuss-Relevanz. Von ihm hängt nämlich ab, welche Konsistenz stärkehaltige Speisen im Mund bekommen, ob diese eher cremig oder schleimig empfunden werden. Grund dafür ist das Speichelenzym *Amylase*, das mit der Verdauung von Kohlenhydraten wie Brot, Reis, Nudeln etc. bereits im Mund beginnt. Die Menge und Aktivität der Amylase im Speichel ist individuell sehr unterschiedlich, abhängig von unseren Genen und von Umweltfaktoren wie Stress, Tagesrhythmus und vom üblichen Gehalt an Stärke in der Nahrung.

Damit das Sinneserlebnis beim Essen und Trinken zum Genusserlebnis wird, erfolgt eine entsprechende Verarbeitung im Gehirn. Genuss resultiert immer

---

7 Kluntje – Riesenkandiszucker, der in der ostfriesischen Teekultur wesentlicher Bestandteil ist.

aus der Kombination körperlicher und kognitiver Reaktionen! Nicht nur das, was Genuss bereitet, ist individuell – auch wie wir mit Genuss umgehen, ob wir ihn zulassen oder bekämpfen, unterscheidet uns voneinander. Das differenziert auch die nachfolgenden Genusstypen.

Genusstypen

Esser und Essen haben eine Beziehung zueinander, die entspannt und ungezwungen, aber auch kompliziert sein kann. Der Essende kann am Essen mehr oder weniger, vielleicht auch gar nicht interessiert sein. Er kann Details über eine Speise erfahren wollen, mitunter auch voreingenommen sein oder sich im selbst konstruierten Spannungsfeld zwischen Wollen und (nicht) Dürfen befinden. Je nach Einstellung dem Essen gegenüber können unterschiedliche Genusstypen ausgemacht werden.

Einschlägige **Studien über das Genießen** gibt es aus Österreich und aus Deutschland. Gleich vorweg: Die unterschiedlichen Fragen und Befragungsmethoden, Altersgrenzen der Befragten (14–69, über 18 bzw. 18–89 Jahre) sowie Befragungszeitpunkte (2009/10, 2003, 2008) erlauben keinen direkten Vergleich der Ergebnisse aus beiden Ländern. Der Zeitraum der Studien, vor bzw. während der Finanzkrise, mag einen Einfluss auf die Ergebnisse haben. Die in Folge beschriebenen Studien sollen aber aufzeigen, was die Beziehung zwischen Esser und Essen beeinflusst und welche Genießertypen es gibt.

Das **Österreichische Genussbarometer** des Vereins Forum Ernährung Heute zeigte, dass Genießen im vielgerühmten Feinkostladen Österreich durchaus verhalten ist. In vier Wellen wurden insgesamt 2.000 Personen im Alter von 14 bis 69 Jahren in den Jahren 2009 und 2010 online befragt. Zwar bezeichneten sich vier von fünf Österreichern selbst spontan als Genussmenschen. Bei detaillierter Analyse erwiesen sich allerdings nur mehr 15 % der Befragten als wirkliche Genießer, die essen, worauf sie Gusto haben, sich dabei aber automatisch ausgewogen ernähren und daher auch kein schlechtes Gewissen haben. Genießer sind qualitätsbewusst, mögen Abwechslung und lassen sich beim Essen Zeit. Vor allem aber essen sie dann, wenn sie hungrig sind, und nicht, weil gerade etwas zum Essen vorhanden ist. Das wirkt sich auch auf das Körpergewicht aus, denn knapp die Hälfte der *Genießer* sind normalgewichtig – deutlich mehr als unter den 68 % *Genusszweiflern* und 17 % *Genussunfähigen.* Unter den Genießern sind daher weniger Diät-Halter zu finden. Manche Genießer verzichten aber gelegentlich gezielt auf bestimmte Speisen, um Genuss dauerhaft aufrecht zu erhalten. Die Schlanken naschen dem Genussbarometer zufolge am häufigsten, 30 % täglich. Wer seinem Gusto in kleinen Mengen nachgeht, der scheint vor Heißhunger gefeit. Die Dosis macht bekanntlich das Gift, nicht die Häufigkeit! Genießer mögen zudem Obst und Gemüse lieber als Genusszweifler und Genussunfähige.

Genießer sind optimistischer, glücklicher und entspannter als etwa die 68 % Genusszweifler. Genusszweifler genießen zwar zuerst auch, haben dann aber ein schlechtes Gewissen oder sind ängstlich vor ihrer eigenen Unkontrolliertheit. Kaum einer der Befragten fand, dass Genießen teuer sein muss. Daraus lässt sich ableiten, dass Genießen zumindest theoretisch für alle Bevölkerungsschichten möglich ist. In der Praxis stellt sich aber die Frage, ob Alltagssorgen Raum für Genusserlebnisse ermöglichen.

In Deutschland gab es mehrere Studien zum Thema Genuss. Das **Genussbarometer Deutschland** wurde 2003 von zwei Marktforschungsinstituten im Auftrag von Japan Tobacco International Germany durchgeführt und 2004 veröffentlicht. Auf Basis einer Vorstudie wurde ein Fragebogen entwickelt, den 1.014 Personen ab 18 Jahren in Folge beantworteten. Die Studie warf einige spannende Gegensätze auf.[8] Der erste Gegensatz sind Selbstbild und Fremdbild, denn 71 % der Befragten gaben an, sich selbst täglichen Genuss zu gönnen, aber 76 % fanden, dass die meisten Mitbürger in Deutschland im Alltag nicht genussfähig sind! Der zweite Gegensatz betrifft das Finanzielle. 21 % der Befragten fanden, dass Genuss für Menschen mit höherem Einkommen reserviert ist. Gleichzeitig zählen gerade die leistbaren Genüsse Kaffee, Tee und Kakao zu den wichtigsten kleinen Alltagsgenüssen der Deutschen, vor allem der Frauen. Kaffee, Tee und Kakao werden auch eingesetzt, um sich die Arbeit genussvoller zu gestalten. Der Großteil der Befragten fand auch, dass Genuss im Alltag jedes Einzelnen eine wichtige Rolle spielen soll – allerdings nicht zu viel, sonst wird er als Egoismus auf Kosten anderer betrachtet.

Die großen Genüsse sind Natur, Bewegung & Sport, Körperpflege & Wellness zu Hause, Nichtstun und Gespräche. Die richtige Stimmung und genügend Zeit sind Vorrausetzungen für Genuss. Ungewöhnliche Essenskombinationen zählen laut Deutschem Genussbarometer für 16 % der Männer und 19 % der Frauen zu den *eigenwilligen Genüssen*. Vier unterschiedliche Genießer-Gruppen wurden im Genussbarometer Deutschland ausgemacht:

8 Maier-Solgk & Neumann. In: Genussbarometer Deutschland, 2004.

Couchgenießer (36 %), *Geschmacksgenießer* (27 %), *Erlebnisgenießer* (17 %) und *Alltagsgenießer* (17 %). Couchgenießer genießen vorwiegend zuhause, in Ruhe, überwiegend alleine und ohne sich anstrengen zu müssen. Sie erleben auf diese Weise sehr viele kleine und kostengünstige Genüsse, wie Kaffee, Tee, eine Praline, Fernsehen. Geschmacksgenießer neigen mehr zu Genussmitteln, wollen das Besondere, das sie eher außerhalb als im Alltag finden. Genuss bedeutet für sie Konsum, der auch mehr kosten darf. „Den Geschmacksgenießern ist durchaus bewusst, dass ihre Art des Genießens eher als ungesund eingeschätzt wird."[9] Erlebnisgenießer sind am meisten bereit, Geld für ihre Genüsse auszugeben. Der Genusskick findet vorwiegend außer Haus, meist in Gesellschaft und detailliert geplant statt. Bei den Alltagsgenießern ist der Genuss zentraler, aber unspektakulärer Lebensbestandteil, sie teilen ihn gerne mit anderen. Nichtstun stellt für Alltagsgenießer keinen Genuss dar. Mehr Geld ausgeben als notwendig ist auch nicht ihre Sache.

In einer neueren repräsentativen deutschen Umfrage im Auftrag der Initiative Genusskultur wurden mehr als 1.000 Personen im Alter von 18 bis 89 Jahren im Jahr 2008 befragt. Die Studie teilte die Befragten in **fünf Genusstypen** ein: *gesunde Genießer, riskante Genießer, Genießer mit schlechtem Gewissen, zurückhaltende Genießer* und *Asketen.* 45,7 % der Deutschen zählen demzufolge zu den gesunden Genießern, die etwas häufiger in den alten Bundesländern anzutreffen sind. Ein genussvoller Lebensstil ist ihnen wichtig. Starke Einschränkungen werden getreu dem Motto, was in Maßen genossen wird, kann gar nicht schädlich sein, abgelehnt. Gesundheitliche Risiken des Genusses sehen sie hauptsächlich im übermäßigen oder falschen Konsum. Am zweithäufigsten sind die zurückhaltenden Genießer vertreten, besonders in den neuen Bundesländern (35,6 %). Diese fühlen sich gar vom Genuss bedroht! Gutes Essen kann zu Übergewicht führen, alkoholische Getränke können abhängig machen. In Maßen ist Genuss für sie allerdings in Ordnung, sie genießen gelegentlich, aber nur dann, wenn sie vorher eine Leistung erbracht haben und sich den Genuss sozusagen „verdient" haben. Die schuldbewussten Genießer genießen gerne, der Genuss ist aber ständig mit schlechtem Gewissen verbunden. Riskante Genießer sind mehr Männer als Frauen, und Genuss bedeutet für sie ausprobieren, nichts auslassen. Die fünfte Gruppe sind die Asketen. Genuss ist für sie keine Bereicherung, sondern sogar negativ gefärbt. Sie befürchten, dass Genuss gesundheitsschädlich ist.

Die genannten Genussstudien zeigen deutlich die **Ambivalenz zwischen Genießen und Maßlosigkeit**. Genießen ist positiv besetzt, solange man

9 Maier-Solgk & Neumann. In: Genussbarometer Deutschland, 2004.

nicht „zu viel" genießt. Genießen klingt nach Gemütlichkeit, funktioniert aber nur bei hoher Konzentration, Beherrschung und Aufmerksamkeit und hat für die meisten nichts mit „sich gehen lassen" zu tun. In gewisser Weise lässt sich Genuss mit Meditation vergleichen. Das führt uns unweigerlich zur Frage: Wie viel Genuss ist das richtige Maß?

Wie viel Genuss ist möglich – wie viel ist nötig?

Frank Maier-Solgk und Holger Neumann bezeichnen im Genussbarometer Deutschland den strategischen Verzicht auf schnelle Genussmomente, mit dem Ziel, dafür später umso ausgiebiger genießen zu können, als **Genussökonomie**. Dabei geht es um eine sinnvolle Genuss-Häufigkeit, indirekt damit aber auch um die Menge. Auch in der Literatur ist die limitierte Menge zu finden. In Friedrich Torbergs 1975 erschienenem berühmten Buch *Die Tante Jolesch* verriet die Tante erst am Sterbebett ihrer Lieblingsnichte das Geheimnis ihrer berühmten Krautfleckerl: Sie hatte ganz einfach nie genug davon gemacht.

Die ungenügende Menge, das teilweise Verzichten unterstützt demzufolge das **Genusserlebnis**. Auch in der **Fastenzeit** verzichten viele weniger aus religiösen Gründen auf Süßigkeiten oder Alkohol, sondern um sich der eigenen Konsumgewohnheiten bewusst zu werden und um die Genussfähigkeit nach der Fastenzeit zu erhöhen. Dabei sei selbstverständlich betont, dass ein freiwilliger „Mangel" beim Fasten oder Verzichten nichts mit tatsächlichem, bedrohlichem Mangel bei Armut zu tun hat.

Gerade das Genießen kann aber durch gezielte Auswahl, verstärkte Aufmerksamkeit und bewussten Konsum auch eine Art Schutz vor unreflektiertem Konsum inmitten ständiger Lockvogelangebote und Multipackungen sein. Ein durchschnittlicher Supermarkt hat tausende Artikel im Sortiment, und wer all diese ernsthaft in Betracht zieht, kann nur überfordert sein. Der Griff zu Angeboten, zu Produkten, die man eigentlich gar nicht wollte, ist für viele die rasche Einkaufslösung. Die andere ist eben der **gezielte und bewusste Einkauf**. Ein neues Einkaufskonzept aus Berlin lässt daher aufhorchen: 500 Artikel statt deren 10.000–20.000, keine gleichen Produkte unterschiedlicher Hersteller, präsentiert in überschaubarer Raumgröße. Das führt unweigerlich zu höherer Zufriedenheit des Käufers, denn mit jeder Wahl eines Produktes muss man sich zwangsläufig gegen sämtliche Alternativen entscheiden und hat somit mitunter das Gefühl, etwas zu versäumen. Ein Übermaß an Möglichkeit bedeutet nicht nur Wahlfreiheit, sondern vor allem Stress.

Auch wenn manche Genuss mit Sünde, Reue oder schlechtem Gewissen verbinden, so hat Genießen ebenso viel mit Gesundheit zu tun. Ja, Genießen trägt definitiv zum Wohlbefinden bei und macht uns sogar widerstandsfähiger gegen Stress! Bei der Vorfreude auf den Genuss und beim Genießen selbst wird der Nervenbotenstoff Dopamin ausgeschüttet, der die Stimmung hebt und das Immunsystem stärkt. Genuss ist somit ein Baustein in der eigenen, aber auch der gesellschaftlichen Gesundheitsförderung. Wenn das nicht die schönste Form der Vorsorge ist, was dann?

Genuss braucht Zeit – das haben die beiden Genussbarometer ergeben. Er soll aber, um täglich gelebt und erlebt werden zu können, alltagstauglich sein. Es kann nicht Sinn und Zweck sein, aus jeder Mahlzeit ein langwieriges und aufwendiges Prozedere zu machen. Man muss nicht jede Speise stundenlang verkosten, hingegen sollte es ein realistischer Anspruch sein, sich auch im Alltag Zeit zum Essen zu nehmen. Übertreibung wird zum persönlichen Genussterrorismus und hat mit Genuss nur mehr wenig zu tun. „Die meisten Menschen hasten so sehr nach Genuss, dass sie an ihm vorbeirennen“, meinte Søren Kierkegaard, ein dänischer Philosoph im 19. Jahrhundert (1813–1855).

Appetit, Hunger, Sättigung und Genuss

Essen bewegt sich im Spannungsfeld zwischen Appetit, Hunger und Sättigung, auf körperlicher und kognitiver Ebene. Der Genuss ist dabei unterschiedlich bedeutend.

Aufgrund von **Appetit, Hunger oder Heißhunger** beginnen wir zu essen. Appetit ist der vorangehende Gusto auf Essen, der sich oft auf ein bestimmtes Lebensmittel bezieht. Hunger ist hingegen ein Verlangen nach Essen, ein Bedürfnis nach Nahrungsaufnahme, das weniger spezifisch ist. Hunger will das Magenknurren stillen, das Genusselement ist in diesem Moment sekundär. Hunger kann ein unbehagliches, sogar schmerzhaftes Verlangen sein. Ein zwanghafter Zustand ist letztlich der Heißhunger auf spezifische, meist fette, Lebensmittel.

Wann wir zu essen aufhören, ist von zahlreichen Faktoren abhängig: von sensorisch-genüsslichen, von kognitiven Prozessen, von der Magendehnung und Magenentleerung, der Ausschüttung von Verdauungshormonen sowie von Stoffwechselprodukten aus der Nahrung (Glukose, Aminosäuren, Fettsäuren), die an ihren Zielorten angelangt sind.

Die zentrale Steuerungseinheit für **Hunger und Sättigung** ist das Zwischenhirn, in welchem auch die Körpertemperatur geregelt wird. Dass wir im Sommer weniger essen, ist durch die Umgebungstemperatur erklärbar. Innere Thermosensoren signalisieren, wann die Temperatur sinkt und fördern Hungergefühle. Essen führt hingegen zu Wärmeproduktion und das Hungergefühl sinkt.

Interessant ist der Einfluss, den einzelne Nahrungsbestandteile auf Hunger und Sättigung haben: Etwas Chili in Tomatensaft, vor dem Essen getrunken, führte in einem Experiment dazu, dass weniger gegessen wurde als nach dem Genuss von reinem Tomatensaft. Vermutlich wirken **scharfe Gewürze** durch gesteigerte Wärmebildung, und die höhere Temperatur führt zu Sättigung. Allerdings sind die Ergebnisse von Studien widersprüchlich.

Mitunter machen scharfe Gewürze durch gesteigerte Körperwärme satt.

Auch **Glutamat** übt eine physiologische Wirkung aus. Glutamat ist ein Salz der Aminosäure Glutaminsäure, das natürlich vor allem in eiweißreichen Lebensmitteln vorkommt oder isoliert in Form von Geschmacksverstärkern wie Natriumglutamat manchen verarbeiteten Produkten zugesetzt wird. Im Protein gebunden ist Glutaminsäure geschmacklos, erst beim Abbau des Eiweißes in seine Bausteine, die Aminosäuren, entsteht der Geschmackseindruck **umami**. Der Eiweißabbau findet im Zuge von Fermentationsprozessen,[10] bei Alterungs- und Reifungsprozessen, zum Beispiel bei gereiften Käsen, sowie beim Kochen statt. Käse, Fleischbrühe, Fisch, aber auch reife Tomaten, Algen und Sojasauce haben ausgeprägten Umami-Geschmack. Zusatz von Glutamat als Geschmacksverstärker zu Lebensmitteln erhöht aber nicht nur dessen Umami-Geschmack, sondern Studien zufolge auch die Akzeptanz des Lebensmittels, dessen Konsum, und bei proteinreichen Lebensmitteln den Wunsch zu essen.

---

10 Fermentierte Lebensmittel sind zum Beispiel Sauermilchprodukte, Sojasauce, Sauerkraut, Schwarztee, Kakaobohnen, Kaffee, alkoholische Getränke, u. a.

Genuss oder Dekadenz?

Die Einstufung, ab wann der Genuss von Speisen dekadent ist, obliegt sicher der **individuellen Bewertung**. Ein Beispiel ist Blattgold, welches im Millenium-Sekt als Jahrtausend-Jux galt, als Pralinen- oder Tortendekor aber überflüssig anmuten kann. Befürworter des Goldes haben als Genussargument die Optik. Ein Gegenargument dazu lautet, dass es keine große Kunst ist, Gold um Schokolade zu wickeln. Optisch faszinierende Kreationen von Köchinnen und Köchen sind ansprechender als mit Gold dekorierte Pralinen. Als Farbstoff E175 bezeichnet, wirkt Gold auch deutlich weniger nobel.

Neu ist die Idee des Blattgolds übrigens nicht. In Venedig wurde schon im 15. Jahrhundert in Adelskreisen Blattgold als Speisendekoration verwendet, was nach dessen Verbot durch den Rat von Venedig 1514 dazu führte, dass man stattdessen Goldbrösel verwendete. In Großbritannien wurden Walnüsse und kandierte Blüten vergoldet. Neben der Optik hat Gold keinen Sinneseffekt, es riecht und schmeckt nach nichts. Gesundheitsschädlich ist Blattgold auch nicht, da das Gold aufgrund seiner Wasserunlöslichkeit und seiner Resistenz gegenüber Magensäure ausgeschieden wird. Letztendlich bedeutet die Verwendung von Gold als Lebensmittel aber, dass wir teuren Klärschlamm produzieren. Der Brite Stefan Gates alias Gastronaut provoziert gezielt mit Blattgold, indem er billige und einfache Produkte wie Würstel, Pommes Frites und Erdnusslocken mit einem Goldmantel überzieht und somit auf Kontrast setzt.

Ein etwas anderes „goldiges" Lebensmittel ist der koreanische **Goldtee**. Bei dieser Teerarität wird die Teepflanze mit goldhaltigem Wasser gegossen. Angeblich sind die Teeblätter goldig durchzogen und hat die aufgebrühte Tasse einen goldenen Farbton. Probiert habe ich den Tee selber nicht, er ist übrigens entsprechend hochpreisig.

Gold ist nach wie vor auch Zahlungsmittel. Selbst wenn bei Speisen nur marginale Mengen Gold zum Einsatz kommen, so bedeutet Gold essen zumindest symbolisch Geld essen!

Genusstherapie

Genuss ist schöner Alltag, Genuss ist Gesundheitsförderung, Genuss kann aber auch Therapie sein. Die Genusstherapie, ein verhaltenstherapeutisches Programm, ist mittlerweile knapp 30 Jahre alt. Die damals von Rainer Lutz und Eva Koppenhöfer entwickelte *Kleine Schule des Genießens* ist heute in psychosomatischen Fachkliniken weit verbreitet. Übergeordnete Therapieziele sind die **Sensibilisierung der Sinne**, die Vermittlung eines sinnvollen Umgangs mit potenziell Genussvollem – natürlich nicht auf Essen beschränkt, die Aktualisierung von angenehmen Vorerfahrungen, der Aufbau von Eigenverantwortung und die Stärkung der Autonomie. Persönliche Genüsse sollen entdeckt werden.

In der *Kleinen Schule des Genießens* gibt es sieben **„Genussregeln“**:

- Genuss braucht Zeit
- Genuss muss erlaubt sein
- Genuss geht nicht nebenbei
- Genuss ist Geschmackssache/Jedem das Seine
- Weniger ist mehr
- Ohne Erfahrung kein Genuss
- Genuss ist alltäglich

Diese sieben Regeln haben auch abseits der Therapie Bedeutung. Sie fassen im Prinzip all das zusammen, was zum **Genusserleben** nötig ist. Sie enttabuisieren Genuss, stellen aber klar, dass Genuss ohne Zeit und Aufmerksamkeit nicht möglich ist. Da unser **Genussempfinden** individuell ist, muss jeder seine Genüsse entdecken. Letzteres benötigt aber den Vergleich. Beim Essen bedeutet das: Geschmacksunterschiede erkennen und die Qualität einordnen können!

Weniger ist mehr – das gilt auch im Alltag. Die Genussregeln spiegeln somit auch das besprochene Spannungsfeld aus Genuss und Maßlosigkeit wider. Was aufs Erste nach Moralpredigt klingt, ist schlicht und einfach Voraussetzung, um langfristig genießen zu können. Denn auch wenn wir hoffentlich jeden Tag irgendetwas genießen, setzt jeder Einzelgenuss voraus, dass wir ihn nicht täglich haben. Ständig das gleiche Essen wäre irgendwann kein Hochgenuss mehr. Täglich der gleiche Spaziergang lässt uns irgendwann Details am Wegrand ignorieren.

Es muss keinen besonderen Anlass zum Genießen geben. Genuss kann und soll täglich gelebt werden – auf individueller und auf kollektiver Ebene. Zu letzterer zählen für mich auch Literatur, Kunst und Kultur. Sport in der Natur ist eine meiner erprobten, zuverlässigen Genusskombinationen. Sportbewerbe können kompetitiv sein, sie können aber auch zu kollektiven Genusswettbewerben werden. Ein gelungenes Beispiel für entsprechend gut Trainierte ist der Linzer Bergmarathon, bei dem die Teilnehmer zwischendurch stehen bleiben und gemeinsam Nudelsuppe essen. Bei einer Distanz von ca. 52 km zählen die einzelnen Minuten wenig, und jeder, der durchkommt, ist ein Gewinner.

2 Genussmittel

2 Genussmittel

Als Genussmittel werden üblicherweise Lebensmittel und Tabak bezeichnet, die nicht primär wegen ihres Nährwertes bzw. ihrer sättigenden Wirkung, sondern wegen ihrer anregenden Wirkung, eines berauschenden Effektes oder ihres Genusswertes konsumiert werden. Auf ein einziges gemeinsames Merkmal lassen sich Genussmittel allerdings nicht reduzieren.

Genuss durch Inhaltsstoffe

Unterschiedliche Inhaltsstoffe üben eine **physiologische Wirkung** aus: Alkohol in Wein, Bier oder Spirituosen, Koffein in Kaffee, Tee und Kakao, sowie Zucker und Fett in Schokolade. Kakao enthält zwar Stoffe, die auf Hirnregionen wirken, in denen Lust- und Glücksempfinden ausgelöst werden. Um eine Wirkung zu erzielen, müssten wir allerdings satte 20 Kilogramm Vollmilchschokolade, von dunkler Schokolade entsprechend ihres Kakaoanteils zwar weniger, aber dennoch utopische Mengen essen.

Die glücksstiftende Wirkung von Kakaobutter und Zucker in Schokolade ist wesentlich größer und effektiver! Zucker bewirkt auch bei normalem Schokoladekonsum die Ausschüttung von Insulin aus der Bauchspeicheldrüse. Durch Insulin werden Zucker und Aminosäuren[1] aus dem Blut in die Gewebe befördert – mit Ausnahme der Aminosäure Tryptophan, die meist gebunden vorliegt. Da andere Aminosäuren in die Gewebe transportiert wurden und folglich nicht mehr mit Tryptophan um die Aufnahme ins Gehirn konkurrieren, gelangt mehr Tryptophan ins Gehirn und wird dort in das **Glückshormon Serotonin** umgewandelt. Fette, die in Form von Kakaobutter reichlich in Schokolade vorhanden sind, verdrängen Tryptophan aus seiner Bindung und erleichtern damit den Übertritt ins Gehirn. Schokoladekonsum fördert also die Aufnahme von Tryptophan ins Gehirn, ermöglicht dort die Bildung von Serotonin – und macht uns glücklich …

Um eine anregende oder berauschende Wirkung zu erzielen, besteht genau genommen keine Notwendigkeit nach Genussmitteln. Koffein könnten wir theoretisch in Form von Koffeintabletten einnehmen, und Alkohol gibt es

1 Eiweißbausteine

als billigen Fusel genauso wie als hochwertiges Genussprodukt. Was aber bleibt, ist der Wunsch nach Genuss alias einem sinnlichen, hedonisch-sensorischen Erlebnis.

Die physiologische Wirkung der Genussmittel kann den Genuss durchaus unterstützen – wer munter bleiben oder werden will, dem bietet guter Kaffee oder Tee nicht nur sensorischen Genuss, sondern auch den Genuss des Wach-Seins!

Genuss durch Rituale

Die beiden Genussmittel **Tee und Kaffee** fügen sich aber auch rituell in unseren Alltag ein. Mit Kaffee oder Tee beginnen die meisten den Tag. Ich trinke morgens Filterkaffee, denn das Geräusch der Kaffeemaschine, gepaart mit dem sich langsam entwickelnden Kaffeeduft, ist zu meinem Aufwachritual geworden und bietet mir bereits auf diese Art Genuss! Abends trinke ich hingegen Espresso. Tee ist für mich das Entspannungsgetränk zwischendurch. Die Zubereitung des Tees, das Warten, bis er gezogen hat entschleunigt mich, auch bei kurzer und somit anregender Ziehzeit. Tee und Kaffee sind für mich daher auch nicht austauschbar, ich kann die willkürliche Einteilung in Kaffeetrinker und Teetrinker auch nicht nachvollziehen. In vielen Kaffeehäusern werden Teetrinker aufgrund des oft mangelnden Angebots attraktiver Tees ohnehin häufig zum Kaffeetrinken „gezwungen".

Der Schriftsteller Peter Altenberg (1859–1919) beschrieb ein Teeritual, das an eine definierte Uhrzeit gebunden ist: „Sechs Uhr abends rückt heran. Ich spüre es heranrücken. Nicht so intensiv, wie die Kinder den Weihnachtsabend heranrücken spüren. Aber immerhin. Punkt sechs Uhr trinke ich Tee, ein feierliches Genießen ohne Enttäuschungen in diesem belasteten Dasein."[2] Wer hat auf diese Weise schon auf sein Marmeladebrötchen hingefiebert?

Aber nicht nur derartige **individuelle Rituale** kennzeichnen Genussmittel, auch richtige **Zeremonien** gibt es in manchen Kulturen, etwa die chinesischen oder die japanischen Teezeremonien.

2 Peter Altenberg. Ich trinke Tee. In: Genuss bei Tisch. Für literarische Feinschmecker. Welttag des Buches 2008, S. 38.

Genuss mit Legenden

Kaffee, Tee und Schokolade sind außerdem mit zahlreichen Legenden behaftet. Vielleicht sind auch diese ein Kennzeichen von Genussmitteln. So wurde **Kaffee** angeblich nicht von Menschen, sondern von Ziegen in Äthiopien entdeckt, welche die Kaffeekirschen von einem Strauch fraßen und daraufhin munter und übermütig herumsprangen. Daraufhin probierten die Mönche des Klosters, dem die Ziegen gehörten, die Kaffeekirschen und waren davon so enttäuscht, dass sie die Kirschen ins Feuer warfen. Ein angenehmer Duft verbreitete sich, und die Mönche bereiteten aus den nun gerösteten Kaffeebohnen ein Getränk, das ihnen von da an beim Wachbleiben half.

Auch eine **Tee**-Legende dreht sich ums Munter-Bleiben. Ein Buddhist schwor, sieben Jahre lang zu meditieren und wollte in dieser Zeit daher nicht schlafen. Als er eines Nachts dennoch einschlief, war er beim Aufwachen so wütend über sich selbst, dass er sich die Augenlider abschnitt und auf den Boden warf. Beim Kontakt der Lider mit dem Boden wuchs sofort ein großer Busch – die Teepflanze. Daraus bereitete sich der Buddhist einen Tee, dessen belebende Wirkung sich rasch herumsprach. Noch heute sind die japanischen Schriftzeichen für Tee und Augenlid ident.

Bei **Schokolade** waren einer Legende zufolge wieder Tiere im Spiel: Hier sollen es Ameisen gewesen sein, die den Menschen lehrten, wie man Schokolade aus Kakao herstellt.

Der Konsum von Genussmitteln war früher meist anders begründet als heute. **Kakao** und Kaffee wurden anfangs als Heilmittel, nicht als Genussmittel propagiert. Kakao wurde im 17. Jahrhundert zur Magenstärkung, Blutverdünnung, Schmerzlinderung und Libido-Steigerung verwendet, bevor es sich als Modegetränk vorerst im Adel und später allgemein durchsetzte. Die schnelle Verbreitung von Kaffee wird unter anderem damit erklärt, dass es an geeigneten Getränken mangelte, wobei arme Leute meist einen weniger gehaltvollen Kaffee tranken – das besondere sensorische Erlebnis war zumindest dieser Schicht vorenthalten. **Wein und Bier** waren im Mittelalter in Städten sicherer als das mit Krankheitskeimen belastete Wasser, sie waren mehr Grundnahrungsmittel als Genussmittel. Man trank 1 bis 2,5 Liter Wein oder Bier am Tag. Brauereien ließen, um eine gute Wasserqualität zu sichern, eigene Leitungen in Städte legen. Sensorisch waren Bier und Wein nicht mit den heutigen Genussmitteln zu messen, der Wein war sauer und dünn, das Bier schwach, aus heutiger Sicht sensorisch betrachtet also nicht legendär.

Genuss durch Qualität

Kaffee, Tee, Kakao bzw. Schokolade, Tabak und alkoholische Getränke – ich betrachte sie als Genussmittel im engeren Sinn – sind heute nahezu ubiquitär vorhanden und werden in vielen Preislagen und Qualitäten angeboten. Sie sind nicht lebensnotwendig im Sinne der **Energie- oder Nährstoffzufuhr**. Sie können aber hedonistische Genussmomente ermöglichen. Aus dieser sinnlichen Sicht fusionieren Genussmittel jedoch mit allen qualitativ hochwertigen Nahrungsmitteln. Denn Genussmittel im engen Sinn können, müssen uns aber keinen Genuss bieten. Schließlich schmeckt nicht jeder Kaffee oder Tee automatisch gut. Umgekehrt müssen Nahrungsmittel aber nicht nur als Nahrung dienen, sondern können und sollen uns auch Genuss bieten. Obst, Gemüse, Getreideprodukte, Kartoffeln, Milchprodukte, Hülsenfrüchte, Fleisch und Fisch, Fette und Öle können – gute sensorische Qualität vorausgesetzt – somit als Genussmittel im weiteren Sinn aufgefasst werden.

Qualität stammt vom lateinischen Begriff *qualitas* ab, einer Ableitung von *qualis,* sprich: wie beschaffen, was für ein, welcherlei. Ursprünglich ging es beim Qualitätsbegriff somit um die Beschaffenheit von Dingen und beinhaltete noch keine Bewertung. Heute verwenden wir den Begriff meist wertend, dann geht es um gute oder schlechte Eigenschaften, um qualifizieren und disqualifizieren, um die Erfüllung der von uns gestellten Anforderungen. Qualität ist dabei kein Zufall, sondern immer das Ergebnis einer Anstrengung – „Quality is never an accident; it is always the result of intelligent effort."[3]

Sensorische Eigenschaften sind die Basis der Lebensmittel-Qualität. Ein Produkt, das optisch nicht ansprechend aussieht, verleitet viele nicht zum Erstkauf. Ein Produkt, das uns nicht schmeckt, verhindert den Wiederkauf. Sensorische Fehler stellen generell eine Wertminderung jedes Genussmittels dar, unabhängig vom persönlichen Geschmack!

Frische ist sensorisch wahrnehmbar. Ein knuspriges Gebäck hört sich beim Abbeißen anders an als ein altbackenes. Die Region kann man bei manchen Lebensmitteln schmecken: Ein Blütenhonig schmeckt abhängig von der Region und der jeweiligen Pflanzenwelt, Sensorik und Regionalität greifen ineinander. Auch sortentypische Merkmale sind sensorisch erfassbar. So schmecken Tomatensorten oder Apfelsorten sehr unterschiedlich. Sensorische Eigenschaften und Genuss benötigen kein Logo und keine Zu-

3 John Ruskin

satzinformation. Verkostungsergebnisse in Zeitschriften können als Orientierung herangezogen werden, wohlgemerkt mit dem Wissen, dass diese mit dem eigenen Geschmacksempfinden nicht übereinstimmen müssen.

Können wir alle **Qualitätsmerkmale** mit unseren Sinnen erfassen? Natürlich nicht. Sind diese Kriterien dann genussrelevant? Ja. Denn Zusatzinformationen beeinflussen indirekt das Genusserlebnis. Wer pro-BIO ist, dem beschert das Wissen, dass es sich um Biolebensmittel handelt, ein gutes Gewissen und dadurch Genuss. Bio zählt zu jenen Qualitätsaspekten, die nur dann auf Anhieb sichtbar sind, wenn sie schriftlich bzw. in Form eines Logos auf dem jeweiligen Produkt angegeben sind. Seit Juli 2010 gibt es ein neues, EU-weites Bio-Siegel. Das Logo ist ein Euro-Blatt, es besteht aus EU-Sternen, die auf einem grünen Hintergrund ein Blatt darstellen und somit Symbol für Europa und Natur sein sollen. Ein neues **EU-Forschungsprojekt** mit dem Namen Ecropolis widmet sich von 2009 bis 2012 dem Geschmack von Biolebensmitteln. Deutschland, Schweiz, Frankreich, Italien, Polen und die Niederlande sind daran beteiligt. Untersucht werden Milchprodukte, Backwaren, Fleisch, Pflanzenöle, Äpfel und Tomatenprodukte. Neben trainierten Verkoster-Panels, welche die Produkte professionell sensorisch beschreiben, werden Akzeptanztests mit Konsumenten in den sechs Ländern durchgeführt. Außerdem sollen Konsumenten-Typologien identifiziert werden, indem allgemeine sensorische Vorlieben der Konsumenten ebenso abgefragt werden wie die Wichtigkeit produktspezifischer Eigenschaften.

Andere „unsichtbare" Qualitätskriterien sind bei manchen Genussprodukten wichtig, bei anderen hingegen irrelevant. Dazu zählen **Regionalität** und Rarität. Importierte Genussmittel wie Kaffee, Tee und Kakao werden niemals regional im Sinn von heimisch sein, ihre genaue Herkunft ist aber trotzdem bedeutend, und zwar aus sensorischer Sicht. Kolumbianischer Kaffee schmeckt anders als Kaffee aus Tansania, Ceylon Tee anders als indischer Darjeeling. **Rarität** ist bei manchen Produkten naturgegeben, bei anderen nicht. Nicht umsonst wurde die künstliche Verknappung, die Herstellung von Lebensmitteln in limitierter Menge, mittlerweile eingeführt.

Die **Echtheit** von Produkten als Voraussetzung für Genuss stelle ich hiermit ausführlich zur Diskussion, da das Thema auch medial häufig aufgegriffen wurde. Kaffeesurrogate wie Getreide- oder Zichorienkaffee sind für mich persönlich zwar kein adäquater Ersatz für echten Kaffee, aber es handelt sich dabei zumindest um Produkte, die ganz eindeutig identifizierbar sind als das, was sie sind. Niemand würde versehentlich Malzkaffee kaufen, wenn er Bohnenkaffee haben will. Im Grunde genommen ist auch jedes Light-Produkt ein – gezieltes – Ersatzprodukt zur Vollfett-Variante, mit dem wesentlichen Merkmal, dass Lightprodukte unmissverständlich als solche erkenntlich sind und von ihren Käufern erwünscht sind.

Analogkäse statt Käse ist diesbezüglich eine andere Liga. Das Substantiv Analogie bedeutet Ähnlichkeit. Wie ähnlich Analogkäse richtigem Käse ist, liegt wohl in den Augen des Betrachters, Ähnlichkeit ist immer relativ! Fest steht, dass Analogkäse bestimmt nicht gesundheitsschädlich ist. Er entspricht den lebensmittelrechtlichen Bestimmungen, sonst dürfte er nicht eingesetzt werden. Mit Käse und mit Genuss hat das allerdings wenig zu tun. „Unter Analogkäse, Kunstkäse oder Käse-Imitat versteht man Erzeugnisse, die im Aussehen Käse ähneln, aber nicht aus Milch oder Milchprodukten hergestellt werden. In der Produktion wird das Milchfett durch pflanzliche Fette/Öle ersetzt. Hinzu kommen Stärke, Salze, Emulgatoren, Aroma- und Farbstoffe, Geschmacksverstärker, Wasser, pflanzliches Eiweiß. Zum Teil werden diese Produkte auch mit echtem Käse gemischt. Käseimitate sind in der Herstellung günstiger als echter Käse. Da kein Reifungsprozess notwendig ist, können sie schneller eingesetzt werden. Auch das Schmelzverhalten und die Hitzebeständigkeit sind besser als bei echtem Käse, Fett- und Cholesteringehalt sind geringer."[4] Verwendung findet Analogkäse vor allem in Fertiggerichten, in der einfachen Gastronomie, auf Käsegebäck sowie im Fast Food-Sektor. In Deutschland werden jährlich schätzungsweise 100.000 Tonnen Analogkäse erzeugt.

Auf Pizza oder Käsegebäck ist Analogkäse schwerer erkennbar als bei purer Verkostung. Wie er pur schmeckt, ist jedoch aus nachfolgenden Untersuchungen ableitbar:

Amerikanische Forscher haben ein Lexikon zur sensorischen Beschreibung von purem Analogkäse erarbeitet. Süßlich-aromatischer Geruch, nach altem Frittier-Öl, feuchter Karton/alt, fruchtig, nach Kartoffel- bzw. Gemüsebrühe, nach Minze, sowie die Grundgeschmacksarten sauer, bitter, salzig, süß und umami zeichnet Analogkäse demzufolge aus.

Auch in Mexiko wurden Begriffe zur Beschreibung von Analogkäse definiert, und zwar im Aussehen die Farbe, faserige Optik und Helligkeit, im Geruch nach Oaxaca-Käse und nach Milch, im Geschmack salzig, Käse-typisch und fettig und im Nachgeschmack salzig, fettig und sauer. Hinsichtlich Textur wurden Festigkeit, Fasern und Elastizität als Kriterien festgelegt.

4 Ages 2010

Eine dritte, neuseeländische Untersuchung fokussierte nur auf die Textur von Analogkäse. Trainierte Tester fanden nachfolgende Eigenschaften, um die Textur beim Berühren der Käseimitate mit der Hand zu charakterisieren. Auf die Bewertung des Mundgefühls wurde verzichtet, da die Tester die Käseimitate vehement ablehnten! Fettigkeit, Flexibilität, Festigkeit beim Zusammendrücken zwischen Daumen und Zeigefinger, Festigkeit beim Schneiden, Klebrigkeit, Gummiartigkeit (wie sehr nach Deformation wieder die ursprüngliche Form eingenommen wird) und Topfigkeit wurden als Parameter herangezogen.

Diese drei Studien summieren, dass Analogkäse das glatte Gegenteil von **Genusskäse** ist. Genussrelevanz ist aber nicht nur das sensorische Empfinden, sondern auch das Wissen um Echtheit!

Rechtlich darf der Begriff *Käse* nur für Milcherzeugnisse verwendet werden, und zwar auch in Wortverbindungen (explizit genannte Ausnahmen wie der Leberkäse bestätigen die Regel). Daher ist auch der Begriff Analogkäse auf Verpackungen nicht erlaubt. Auch Aufmachung und Abbildung eines Analogkäses dürfen keinen falsch-positiven Eindruck, es handle sich um echten Käse erwecken. Wenn die Aufmachung den Eindruck, dass es sich um Käse handelt, erzeugt, so muss ausschließlich Käse enthalten sein. Im Dezember 2010 haben sich die EU-Verbraucherminister auf eine **Kennzeichnung von Lebensmittel-Imitaten** geeinigt. Demnach darf Analogkäse nur mehr dann verkauft werden, wenn aus der Zutatenliste seine Herstellung aus pflanzlichen Rohstoffen hervorgeht. Der Begriff Analogkäse ist EU-weit weiterhin verboten.

Analogien bleiben zwar nicht auf Käse, jedoch auf verarbeitete Produkte beschränkt. **Schummel-Schinken** enthält im Vergleich zu normalem Schinken weniger Fleisch, dafür viel Wasser sowie Bindemittel wie Stärke und Gelier- und Verdickungsmittel. Die Transparenz ist auch beim Schummel-Schinken vor allem bei Fertiggerichten und in der Gastronomie nicht vorhanden. Eine im Mai 2010 in Deutschland durchgeführte repräsentative Umfrage von mehr als 2.000 Personen ab 14 Jahren[5] zeigte auf, dass 83 % zwar darüber Bescheid wussten, dass Schinkenimitate in Handel und Gastronomie erhältlich sind, auf Bildern konnten die Befragten echte Schinken und Schinkenimitate jedoch schwer voneinander unterscheiden. Über 90 % der Befragten betrachtete die derzeitige Kennzeichnung folglich als nicht ausreichend und

5 Forsa-Umfrage im Auftrag des Bundesministerium für Ernährung, Landwirtschaft und Verbraucherschutz, Deutschland

wünscht einen unmissverständlichen Hinweis auf der Schinkenverpackung. Ein Wunsch, der nicht überraschend, sondern mehr als berechtigt ist.

Um den Qualitätsbegriff weiter auszuführen, greife ich nun Genussmittel im engeren Sinn und Genussmittel im weiteren Sinn getrennt auf. Bei Kaffee, Tee, Schokolade und Wein gibt es zahlreiche Analogien, was objektivierbare Qualität erzeugt. Dazu gehören botanische Faktoren, die Herkunftsregion, Erntemethoden und Verarbeitung, die Lagerung und die Zubereitung von Getränken bzw. Verwendung in der Küche. Stellvertretend für alle *Genussmittel im weiteren Sinn* bespreche ich anschließend Kartoffeln, Getreide, Gemüsesorten, Öle und Käse. Anhand dieser Produktgruppen möchte ich Sortenvielfalt und Regionalität thematisieren.

Genussmittel im engeren Sinne: Kaffee, Tee und Schokolade im Vergleich zu Wein

Um die Bedeutung der Genussmittel in den letzten 200 Jahren nachvollziehen zu können, sind Bücher eine gute Quelle. Häufige Erwähnung eines Genussmittels in Büchern zeigt dessen **Bedeutung im öffentlichen Diskurs** auf, lässt aber nicht auf die getrunkene Menge schließen. Die nachfolgenden Abbildungen wurden mit *Books Ngram Viewer*[6] erstellt (siehe S. 38). Die Erwähnung von Tee und Kaffee im Zeitraum 1800–2000 in Büchern im englischen und deutschen Sprachraum wird einander gegenübergestellt. Der angeführte Prozentsatz sagt aus, wie oft die Begriffe Tee (in alter deutscher Schreibweise Thee) bzw. Kaffee im Verhältnis zu allen anderen niedergeschriebenen Wörtern im jeweiligen Jahr in Buchform vorkommen.

Wirklicher Genuss ist bei Genussmitteln nicht garantiert – dass sie uns tatsächlichen Genuss bieten, setzt eine einwandfreie sensorische Qualität voraus!

Während sich bei Wein in Österreich seit dem **Glykol-Skandal** 1985 ein stark erhöhtes Qualitätsbewusstsein durchgesetzt hat, ist dies bei Kaffee und Schokolade erst seit wenigen Jahren zu beobachten, nicht zuletzt durch das steigende Angebot an Spezialgeschäften. Auch bei Tee sind gut sortierte Fachgeschäfte im Zunehmen, während viele Kaffeehäuser ihrem Namen allzu gerecht werden und meist zwar guten Kaffee anbieten, mit ihrem Teeangebot aber leider hinterher hinken.

6 http://ngrams.googlelabs.com/info

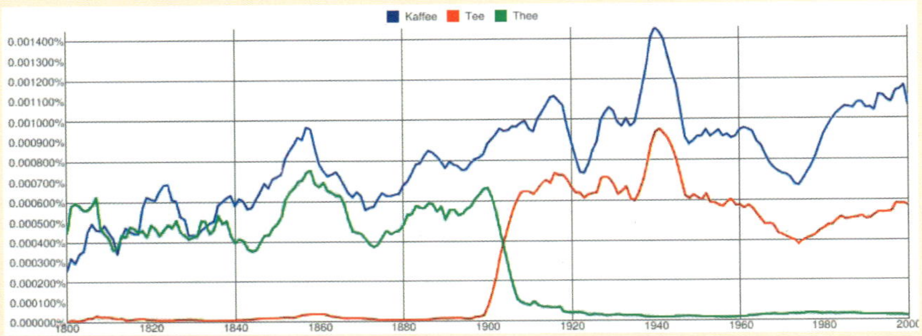

Häufigkeit der Begriffe Kaffee & Tee/Thee in Büchern im deutschen Sprachraum

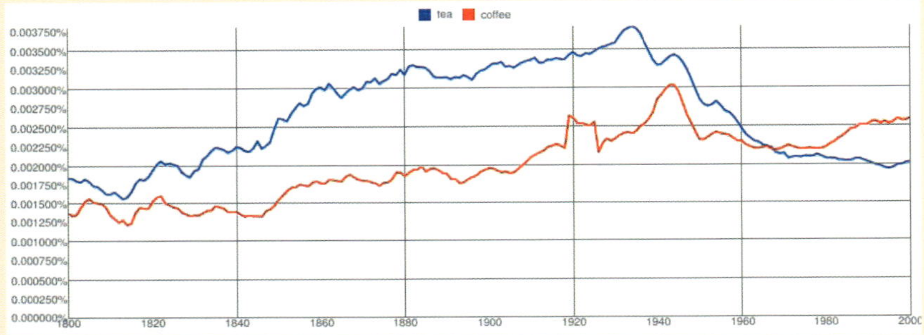

Häufigkeit der Begriffe Coffee & Tea in Büchern im englischen Sprachraum

Eines vorweg: Unsere persönlichen Vorlieben sind individuell und hängen stark mit unseren **Konsum-Gewohnheiten** zusammen! Das heißt auch, dass nicht jeder Konsument Spitzenkaffees, Lagentees, hochprozentige Schokoladen aus Edelkakao oder Grand Cru Weine favorisiert. Schokoladen mit 80–90 % Kakaoanteil schmecken den wenigsten auf Anhieb, doch viele, die diese Schokoladen mehrmals gekostet haben, finden den Geschmack zunehmend attraktiv. Grund dafür ist das im Fachjargon als **Effekt der bloßen Darbietung** benannte Phänomen, das zeigt, dass uns das schmeckt, was wir bereits mehrmals gegessen und gut vertragen haben. Geschmack müssen wir uns also erarbeiten – das besagt schon die Genussregel „Ohne Erfahrung kein Genuss" der Kleinen Schule des Genießens (siehe S. 26).

Einwandfreie **Basisqualität** ist eine Grundvoraussetzung. Besonders gute Qualität ist das, was ultimative Genüsse ermöglicht, aber nicht notwendigerweise bedingt. Genuss und Qualität beim Essen können analog zur Kunst betrachtet werden. In beiden Fällen gibt es „anerkannte Kriterien", was gute Kunst oder eben gute, produktspezifische Lebensmittelqualität ausmacht. Daneben gibt es aber den persönlichen Geschmack des Betrachters eines

Bildes, des Hörers einer Symphonie bzw. des Essers eines qualitativ hochwertigen Gerichtes.

Wer Leber partout nicht mag, dem wird sie auch dann nicht munden, wenn sie nach objektivierbaren Kriterien **Spitzenqualität** hat und vom besten aller Köche zubereitet wird. Wer Leber mag, hat bei entsprechender Qualität und Zubereitung allerdings einen Hochgenuss.

In diesem Kapitel möchte ich Ihnen umfangreiche Hintergrundinformationen zu Tee, Kaffee und Kakao/Schokolade geben, dabei aufzeigen, wodurch deren **Aroma**, **Geschmack** und **Qualität** beeinflusst wird. Das Kapitel soll auch als Nachschlagewerk über die Qualität von Genussmitteln dienen. Bezüglich Qualität gibt es zahlreiche Analogien zwischen diesen drei Genussmitteln. Sie wird in allen drei Fällen von botanischen Faktoren, der Herkunftsregion, Erntemethoden und Verarbeitung, der Lagerung und der Zubereitung von Getränken bzw. Verwendung in der Küche bestimmt. Ein thematischer Quer-Vergleich der Genussmittel und das Aufzeigen etwaiger Gemeinsamkeiten erscheint mir ein spannenderer Ansatz als eine Beschreibung der Reihe nach. Da viele Ähnlichkeiten mit dem (auch) heimischen Genussmittel Wein auftreten, stelle ich auch diesen Vergleich an. Wussten Sie, dass ein Aromastoff, der in billigeren Robustakaffees vorkommt, auch für den Korkfehler in Wein verantwortlich ist?

Getränke, die nicht vom Teestrauch stammen, wie sämtliche Kräuter-, Früchte- oder Gewürztees, zählen zu den teeähnlichen Getränken. Sie werden an dieser Stelle nicht beschrieben.

Botanik

Botanisch betrachtet stammen **Kaffee** (Familie der Rötegewächse), **Tee** (Familie der Teestrauchgewächse) und **Kakao** (Familie der Malvengewächse) von unterschiedlichen Pflanzenfamilien ab. Gemeinsam haben sie nur, dass sie auf Plantagen auf niedriger Höhe gehalten werden. Der Grund für den Zusammenschnitt ist jedoch unterschiedlich. Bei Tee will man Blüte und Fruchtbildung verhindern, damit sich das Aroma in den Blättern konzentriert – ähnlich wie bei Wein, wo man durch das Entfernen von einem Teil der Blätter und Trauben den Geschmack der verbleibenden Trauben konzentriert. Bei Kaffee und Kakao dient das Zusammenschneiden hingegen ausschließlich der leichteren Ernte. Auch das Ernteprodukt ist nicht gleich – mal sind es Blätter, mal Samen.

Kaffee

Kaffeebohnen sind die Samen der Kaffeepflanze. Die Samen sind von einem Silberhäutchen und einer lose sitzenden Pergamenthaut umgeben und in eine schleimhaltige Schicht und in süß schmeckendes Fruchtfleisch eingebettet. Normalerweise befinden sich zwei Samen, Flachbohnen, in jeder Kaffeekirsche. Bei runden Perlbohnen ist nur ein Samenkorn entwickelt, bei großen Elefantenbohnen (*Maragogype*) ist ebenso nur eine Bohne pro Kirsche enthalten.

Von den bekannten Coffea-Arten haben nur zwei kommerzielle Bedeutung erlangt: *Arabica* und *Robusta*. **Arabicas** sind qualitativ höherwertig und somit auch teurer. Sie weisen grasige, blumige und fruchtige Noten, Zitrusaromen und Aromen nach Honig, Schokolade, Karamell oder getoastetem Brot auf. **Robusta** ist billiger, die Pflanze ist anpassungsfähiger bezüglich höheren Temperaturen als Arabica, sie ist jedoch kälteempfindlicher. Robustakaffee wird als erdig und chemisch beschrieben. Verantwortlich dafür sind die Aromastoffe Methylisoborneol und Trichloranisol. Letzterer Aromastoff erzeugt auch den Fehler Korkton im Wein! Der bittere Geschmack von Kaffee wird unter anderem durch Koffein hervorgerufen. Arabica enthält weniger Koffein als Robusta, letzterer schmeckt daher bitterer.

Links normalgroße Flachbohnen – Monsoon Malabar aus Indien, rechts Elefantenbohnen – Maragogype aus Nicaragua

Tee

Unter Tee versteht man die **Blätter, Knospen und Triebe des Teestrauches**. Drei Gattungen werden als Teesträucher verwendet: die **Chinapflanze** *Camellia sinensis*, die Assampflanze *Camellia assamica*, sowie die Kreuzung der beiden, die Assam Hybride. Die Chinapflanze hat schmalere, kleinere, zirka 5 bis 8 cm lange Blätter, und der daraus hergestellte Tee hat ein zarteres Aroma und ist weniger herb. Zur Herstellung von Grüntee sind die kleineren Blätter der *Camellia sinensis* daher besser geeignet als jene der **Assampflanze**, die 10 bis 12 cm lang sind. Tee aus der Assampflanze ist würziger und kräftiger. Der Assamhybrid nimmt sensorisch eine Mittelstellung ein und ist heute am weitesten verbreitet.

Was vielleicht nicht jedem bekannt ist: Grüntee, Schwarztee und Oolongtee resultieren aus derselben Pflanze, durch unterschiedliche Verarbeitung! Weißer Tee ist eine Grüntee-Spezialität, für deren Herstellung nur die ersten Frühlingstriebe verwendet werden. Die ungeöffnete Blattknospe und die Blattunterseiten haben feine weiße Härchen, denen er seinen Namen verdankt.

Kakao

Kakaobohnen sind die **Samen der Kakaofrucht**, einer bis zu 500 Gramm schweren Frucht, die zirka 20 bis 60 Bohnen enthält. Es werden drei Kategorien unterschieden: *Criollo, Forastero* und *Trinitario*-Kakao. **Criollo** ist der Edelkakao mit mildem, aber feinem Aroma, wenig Bitterstoffen und wenig Säure. Sein Anteil an der Welternte ist sehr gering. **Forasterokakao**, der „Fremdling", ist weniger empfindlich als Criollo, die Bohnen schmecken stärker, zum Teil säuerlich und bitterer, sind weniger aromatisch und machen den Großteil der Welternte als Konsumkakao aus. **Trinitario** ist eine Züchtung aus Criollo und Forastero, mit intensivem Geschmack und etwas Säure.

Es gibt nur mehr wenige genetisch ursprüngliche Criollos, meist alte oder wild wachsende Bäume. Beispiele für ursprüngliche Criollos sind Porcelana, Pentagona (deren Name sich von den fünf Rippen dieser Kakaofrucht ableitet), Guasare und Criollo Andino (Anden-Criollo) aus Venezuela, sowie der mexikanische Lacandón.

Moderne Criollos sind die beiden Criollo-Hybride Ocumare 61 und Chuao, die zwar durch Einkreuzung aus Criollo mit Forastero oder Trinitario entstanden sind und genetisch daher den Trinitarios ähneln, aufgrund ihrer guten sensorischen Eigenschaften jedoch zu den Criollos, den Edelkakaos, gezählt werden. Das zeigt, dass die Einteilung in Criollo-Forastero-Trinitario aus botanischer Sicht schwammig ist, aus sensorischer Sicht aber Relevanz besitzt.

Auch Forasteros werden unterteilt, und zwar entsprechend ihres geografischen Ursprungs in „Upper Amazon Forastero" und „Lower Amazon Forastero". Eine genetische Grundlage gibt es für diese Einteilung allerdings nicht. Eine Sonderstellung unter den Forasteros hat der ecuadorianische Nacional-Kakao Arriba. Er hat einen spezifischen Eigengeschmack und ein besonders blumiges Aroma. Der am stärksten verbreitete Forastero ist Amelonado. Amelonado bedeutet auf Spanisch melonenförmig, ohne Herkunftsbezeichnung ist dies aber nicht sehr aussagekräftig.

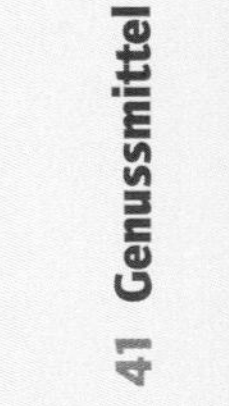

Geröstete Kakaobohnen aus der Dominikanischen Republik.

Edelschokoladen weisen oft Herkunft und Bohnensorte aus:

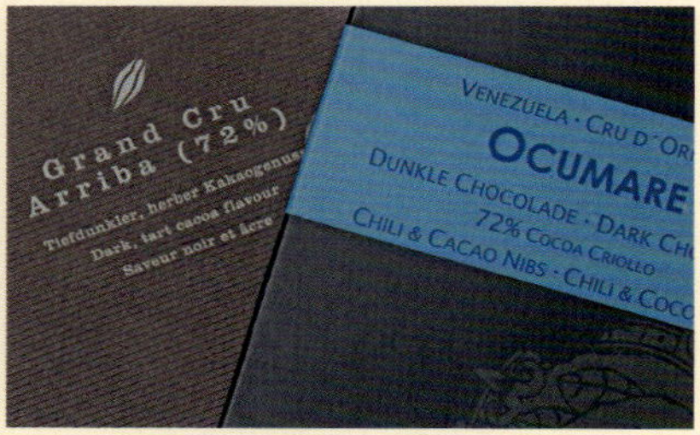

Porcelana, Chuao, Arriba, Ocumare – die Verpackung von Edelschokoladen weist auf Qualität und Herkunft hin.

Herkunftsregion

Das Anbaugebiet mitsamt seinem **Boden, Klima** und der **Höhenlage** – bei Wein spricht man vom Terroir – ist auch ein wichtiger Einflussfaktor auf den Geschmack von Kaffee, Tee, Kakao und folglich Schokolade. Alle drei Genussmittel wachsen in einem Gürtel rund um den Äquator, der jedoch unterschiedlich breit ist. Bei Tee werden besonders gute Qualitäten auch als Lagentee aus einem einzigen Teegarten verkauft, ebenso werden manche Spitzenschokoladen als Plantagenschokolade verkauft. Das entspricht bei Wein der Ried-Nennung, also der Weinbergslage. **Jahrgangsschwankungen** gibt es bei allen Genussmitteln aus allen Herkunftsregionen.

Kaffee

Ursprünglich aus Äthiopien, wächst Kaffee heute in einem Gürtel etwa zwischen dem 23. Breitengrad nördlich und dem 25. Breitengrad südlich. Arabicakaffee wächst zwischen 600 und 2.100 m Seehöhe, Robusta auf bis zu 900 m. Als **Hochlandkaffee** bezeichnet wird Arabica, der auf mindestens 1.000 Höhenmetern wächst, er gilt als besonders hochwertig. Der berühmte Jamaica Blue Mountain Kaffee kommt aus 1.500 m Seehöhe.

In Abhängigkeit seiner Herkunft hat Kaffee spezielle Charakteristika. Säure ist in zentralamerikanischen und manchen ostafrikanischen Arabicas ausgeprägt, etwa beim Tarazzu aus Costa Rica. Kaffee aus Guatemala ist leicht rauchig, vor allem Hochlandkaffee auf Antigua ist weltbekannt. Kona, ein Spitzenkaffee aus Hawaii, schmeckt nussig und leicht nach Zimt. Äthiopische Arabicas schmecken oft fruchtig-weinig, und auch kenianische Arabicas sind fruchtig, aber tendenziell vollmundiger. Der strenge, medizinische Eindruck mancher „harten“ brasilianischen Arabica-Kaffees wird als Rio bezeichnet. Dieser Geschmackseindruck nach Medizin und Desinfektionsmittel ist keine Offenbarung und zeigt, dass Arabica alleine noch keine Garantie für Hochgenuss ist.

Tee

Ursprünglich stammt Tee aus China, heute wächst er vorwiegend in tropischen und subtropischen Gebieten zwischen dem 43. Breitengrad nördlich und dem 30. Breitengrad südlich, auf mindestens 700 m, bis hin zu 2.500 m Seehöhe. China, Indien und Sri Lanka sind die traditionell wichtigsten Tee-Anbaugebiete, doch ist der Tee-Anbau in vielen Teilen der Welt möglich. In Japan wird ausschließlich Grüntee hergestellt, in China wird sowohl Grüntee als auch Schwarz- und Oolongtee produziert. Sehr hochwertigen Oolongtee gibt es in Taiwan. In Afrika ist der Tee-Anbau im Vergleich zu Asien sehr jung, Tee wird in Afrika erst seit Beginn des 20. Jahrhundert kultiviert. Mengenmäßig ist Kenia mittlerweile jedoch einer der größten Teeexporteure.

Analog zum Hochlandkaffee gelten auch **Hochlandtees**, die auf über 1.300 m Seehöhe wachsen, als höherwertiger, da die Teeblätter dort langsamer wachsen und mehr Aroma konzentrieren als in niedriger gelegenen, wärmeren Gebieten. Zudem sind die Nächte im Hochland kühler und es gibt keine Staunässe. In niedrigen Regionen wird das ganze Jahr über geerntet, im Hochland wird bei der Ernte eine Winterpause eingelegt und die erste Frühlingsernte wird als besonders hochwertig eingestuft. Tee aus derselben Plantage kann von Jahr zu Jahr, je nach Wetterbedingungen, unterschiedliche Qualität aufweisen. Nur Tees aus wenigen Teegärten mit konstant hervorragender Qualität – etwa aus **Darjeeling** – werden daher als Lagen- oder Gartentees gehandelt, ähnlich den Weinbergslagen bei Wein. Beispiele für Teegärten in Darjeeling sind Singell, Steinthal, Castleton, Selimbong, Avongrove, oder Margaret’s Hope, für Assamtees Marangi oder Mokalbari.

Die Angabe Darjeeling Steinthal bei Schwarztee ist somit vergleichbar mit der Bezeichnung Blaufränkisch Hochäcker Mittelburgenland bei Rotwein.

Der Einfluss des Terroirs auf Tee kann mit Hilfe sensorischer Methoden, d. h. Verkostung durch trainierte Tester oder instrumentelle Analysen untersucht werden. So konnten Wissenschaftler mit Hilfe einer elektronischen Nase[7] und einer elektronischen Zunge[8] Schwarztees aus Plantagen mit unterschiedlicher Höhenlage in Sri Lanka erfolgreich voneinander unterscheiden. Das **Terroir** scheint also auch bei Tee nachweislichen Einfluss zu haben! Untersucht wurden Tees aus den Anbaugebieten Ruhuna (600 m), Kandy (650–1.300 m), Uva (1.200–1.500 m), Dimbula (1.200–1.700 m) und Nuwara Eliya (2.000 m). **Elektronische Nasen und Zungen** sind zwar nicht 1:1 mit den menschlichen Sinnesorganen vergleichbar, mit den „elektronischen Sinnesorganen" können jedoch Aussagen über die Ähnlichkeit von gemessenen Proben gemacht werden.

Schokolade

Ursprünglich kommt Kakao aus Brasilien, heute wird er in vielen Ländern zwischen dem 15. Breitengrad nördlich und südlich angebaut. Elfenbeinküste, Ghana und Indonesien sind die größten Anbauländer. Criollo-Edelkakao kommt vorwiegend aus Venezuela, der Lacadón aus Mexiko. Forasterobohnen werden vor allem in Westafrika, Brasilien und Südostasien angebaut, als bester Forasterokakao gilt jedoch der bereits genannte ecuadorianische Arriba. Trinitario wird vor allem in Malaysien und Indonesien angebaut.

Erntemethoden

Händische Ernte erlaubt bei Tee und Kaffee mehr Selektion als maschinelle – das ist auch bei Wein der Fall. Bei Kakao erfolgt die Ernte mit sogenannten Macheten, dicken Messern, mit denen die Früchte vom Baum geschlagen werden. Der richtige Erntemoment ist bei allen Genussmitteln kritisch.

Kaffee

Kaffee wird meist nur einmal im Jahr geerntet, in einigen Anbaugebieten zweimal. Die **Ernte** dauert einige Wochen, da die Kirschen auch am selben Strauch unterschiedlich lange für die Reifung benötigen. Die beste Ware ist die händisch gepflückte, da nur auf diese Weise ausschließlich reife Kirschen

7 einer Anordnung von Sensoren, welche auf flüchtige, gasförmige Verbindungen reagieren, gekoppelt mit einer Mustererkennungssoftware

8 einer Anordnung aus Sensoren, die auf in Flüssigkeit gelöste Substanzen reagieren

Kaffeestrauch in Costa Rica. Kaffeekirschen am selben Strauch werden nicht gleichzeitig reif.

geerntet werden. Diese aufwendige Ernteform rentiert sich allerdings nur bei guten Qualitäten, sie wird daher nur bei Arabicas, die in Folge nass aufbereitet werden (s. u.), durchgeführt. Robusta und trocken aufbereitete Arabicas werden hingegen mittels **Strip-Pflückung** geerntet. Das bedeutet, dass alle Kirschen unabhängig von deren Reifegrad gleichzeitig von den Zweigen gestreift werden. Die dritte Variante, **maschinelle Ernte**, ist in den wenigsten Anbaugebieten möglich.

Bei Kaffee gibt es einige **Skurrilitäten**. Eine spezielle Form der „Ernte" erfolgt bei einer indonesische Kaffee-Spezialität, bei der die Kaffeekirschen von einer Katzenart gefressen, im Darm fermentiert und die Bohnen via Verdauungstrakt ausgeschieden werden. Dieser *Kopi Luwak* ist sehr teuer und schmeckt erdig und modrig. Kopi Luwak stammt von den Inseln Java, Sumatra und Sulawesi, es gibt ihn aber auch auf den Philippinen. Der Name leitet sich vom indonesischen Wort für Kaffee – Kopi – und von der indonesischen Bezeichnung für die Schleichkatze Fleckenmusang – Musang luwak – ab. Der Fleckenmusang frisst unter anderem, jedoch nicht ausschließlich, Kaffeekirschen. Das Fruchtfleisch der Kaffeekirschen kann er verdauen, die Bohnen werden ausgeschieden. Im Darm der Tiere werden die Kaffeekirschen einer Fermentation unterzogen. Die verdauten Bohnen weisen winzige Krater auf der Oberfläche auf, und das in den Kaffeebohnen enthaltene Eiweiß wird durch Verdauungsenzyme der Katze zum Teil abgebaut, zum Teil in kleinere Moleküle gespalten. Diese geben dem Kaffee beim Rösten Aroma und Geschmack. Die „Ernte" von *Kopi Luwak* ist insofern erleichtert, als sich die Schleichkatzen immer an der gleichen Stelle entleeren. Die Bohnen werden von den Einheimischen aufgesammelt, gewaschen und leicht geröstet. Die Qualität ist variabel, sie hängt natürlich von der Art der gefressenen Kaffeebohnen ab, aber auch von der Zeit, die sie ausgeschieden auf dem Waldboden liegen, sowie vom Niederschlag. Echter Kopi Luwak ist selbst in Indonesien nicht so leicht erhältlich.

Ein weiterer indonesischer Spezialkaffee ist der *Worm-Bitten-Menados*, ein von Würmern angefressener Kaffee. Der Rohkaffee wird in Erde vergraben, verliert dabei seine Säure, schmeckt bitter, und – Überraschung – auch erdig und würzig.

Sind Kopi Luwak und Worm-Bitten-Menados wirklich noch Mittel zum Genuss? Oder geht es hier nur um Skurrilität, um den Preis, um Rarität? Diese Frage muss wohl jeder für sich beantworten!

Tee

Teeernte in Sri Lanka, Nuwara Elya, März 2011

Nicht nur bei Kaffee, auch bei Tee ist die beste Ware die händisch gepflückte, da nur Handarbeit eine entsprechende Selektion der jüngsten Blätter ermöglicht. Da Teesträucher immergrün sind, wird der Tee in regelmäßigen, kurzen Abständen gepflückt, um immer die jungen Triebe – genau genommen **die obersten zwei Blätter und eine Knospe**, *2 leaves and a bud* – zu ernten.

In Teeregionen in Äquatornähe wird das ganze Jahr über alle 10 bis 14 Tage geerntet. In raueren Klimazonen und Höhenlagen wie im nordindischen

Darjeeling 1st flush

Darjeeling 2nd flush

Darjeeling Autumnal

Darjeeling wachsen die Triebe jedoch deutlich langsamer, in Darjeeling[9] wird bei der Ernte zudem eine Winterpause eingelegt. Dort gibt es drei Haupternten, die Frühlings-, Sommer- und Herbsternte, sowie Zwischenernten, die jedoch von geringerer Qualität sind. Die erste und besonders hochwertige

9 Die Stadt Darjeeling liegt 2.185 m über dem Meeresspiegel, die Teegärten finden sich bis zu 2.500 m Meereshöhe. Der Wechsel von trockener und feuchter Luft, Kälte, Sonne, Monsunregen und Nebel tragen zum typischen Aroma bei.

Ernte im Frühling, von März bis Anfang April (**first flush**[10]) schmeckt leicht blumig, aber durchaus herb, und ist im Aufguss hell. Zu Beginn der Regenzeit von April bis Anfang Mai werden qualitativ einfache Alltagstees, die *In between-Tees* (Zwischendurch-Tees), geerntet. Von Mitte Mai bis Anfang Juli wird die wiederum sehr hochwertige Sommerernte **Darjeeling second flush** gepflückt. Dieser Tee ist im Aufguss dunkler als die Frühlingsernte und schmeckt intensiver, mitunter leicht nussig. Als *Bread and butter-tea* (Brot-und-Butter-Tee) oder *Regentee* wird Tee aus der Juli-Oktoberernte bezeichnet, der wiederum nur Durchschnittsqualität hat und sich daher für den täglichen Gebrauch – eben wie Butterbrot – eignet. Die Herbsternte **Darjeeling Autumnal** wird Ende Oktober und Anfang November geerntet und ist relativ mild. Die bunten Blätter sehen richtig herbstlich aus.

Auch bei Assamtees gibt es mehrere Ernten: **first flush** im März und April, **second flush** im Mai und Juni, und von Juli bis Oktober die Regentees. Während in Darjeeling die erste Ernte als die beste gilt, ist dies bei Assam die zweite Ernte. Was einem persönlich besser mundet, ist allerdings eine andere Frage. Mir schmeckt Darjeeling second flush besser als first flush.

Billiger, aber auch qualitativ minderwertiger als *2 leaves and a bud* ist die Ernte auf Menge, wo auch ältere Blätter mitgepflückt werden. An der Bezeichnung des Tees erkennen Sie, ob viele Spitzen oder auch ältere Blätter dabei sind (siehe Blattgrade S. 52/53). Erntemaschinen eignen sich nur für relativ flaches Gelände, und es werden mitunter auch Wildkräuter mitgenommen. Die maschinelle Methode entspricht einem Rasenmäher.

Schokolade

Wild wachsender Kakaobaum in Costa Rica

10 Flush = neuer Trieb

Die Kakaofrüchte wachsen direkt am Stamm und werden vom Baum abgeschlagen. Die geernteten Früchte werden danach aufgeschlagen und das Fruchtfleisch mitsamt den Samen auf Bananenblättern ausgebreitet oder in Bottiche gefüllt.

Verarbeitung unmittelbar nach der Ernte

Bei Wein wird immer wieder betont: Die **Qualität** entsteht im Weingarten, im Keller kann nur die Qualitätsabnahme verhindert werden. Aus schlechtem Traubenmaterial kann kein guter Wein werden, aus guten Trauben aber durchaus schlechter Wein gemacht werden.

Auch bei Kaffee, Tee und Kakao ist das Rohmaterial bedeutend. Ohne Verarbeitung sind Kaffee, Tee und Kakao jedoch weder lager- noch transportfähig, geschweige denn genussfertig. Dabei muss zwischen einer unmittelbar nach der Ernte stattfindenden Erstverarbeitung und einer zu einem späteren Zeitpunkt stattfindenden Weiterverarbeitung unterschieden werden. Jeder Verarbeitungsschritt spiegelt sich in der sensorischen Qualität des Endproduktes wider.

Kaffee

Kaffee muss unmittelbar nach der Ernte aufbereitet werden. Es gibt zwei Methoden: Bei der **nassen Aufbereitung** sind 130–150 Liter Wasser pro Kilogramm Rohkaffee nötig – dies ist nicht in jeder Region möglich, Qualität und Umweltverträglichkeit stehen gewissenmaßen in Widerspruch zueinander. Die Kaffeekirschen werden zuerst von Verunreinigungen befreit und in Wasser vorsortiert, dann wird das Fruchtfleisch von den Bohnen gequetscht. Der entpulpte Kaffee wird geschwemmt, dabei werden leichtere, unreife Bohnen von reifen, schweren getrennt, und gelangen schließlich zur Fermentation.[11] Nach der Fermentation wird der Kaffee nochmals gewaschen und anschließend getrocknet. Bei der **trockenen Aufbereitung** werden hingegen die Kaffeekirschen so lange getrocknet, bis sich die Bohnen aus den Kirschen herausschälen lassen. Die Trocknung dauert sechs bis fünfzehn Tage. Nasse Aufbereitung der Kaffeebohnen resultiert in höherer Kaffeequalität als trockene Aufbereitung. Eine trocken aufbereitete Spezialität ist der indische *Monsoon Malabar*, der vor dem Export den Monsoonwinden ausgesetzt wird und besonders viel Körper hat.[12]

11 Gärungsprozess, bei dem der Restschleim, der auf der Pergamenthaut sitzt, abgelöst wird.
12 Unter dem Begriff „Körper" wird die Schwere, das empfundene Gewicht auf der Zunge, verstanden.

Im Zuge der nassen oder trockenen Aufbereitung, kombiniert mit nachfolgendem Schälen und Polieren, werden alle Umhüllungen der Kaffeebohne – Fruchthaut, Fruchtfleisch, Schleim, das Pergamenthäutchen und das Silberhäutchen – entfernt. Verunreinigungen werden abgetrennt und die Bohnen nach Größe und Qualität sortiert. Das Ergebnis ist marktfertiger **Rohkaffee**. Die Qualitätsbewertung des Rohkaffees kann ein Rohkaffeekäufer optisch anhand der Bohnengröße, Form, Einheitlichkeit der Bohnen, Farbton,[13] Glanz, Glätte, der Beschaffenheit des Schnittes[14] und dem Vorhandensein von Resten des Silberhäutchens vornehmen, außerdem aufgrund des Gehalts an Fehlerbohnen[15] und dem Geruch des Rohkaffees. Eine Proberöstung erlaubt die Bewertung der Tassenqualität.

Tee

Wie beim Kaffee muss die Weiterverarbeitung auch bei Tee sofort nach der Ernte erfolgen. Die Auswirkung ist bei Tee aber noch drastischer als bei Kaffee – denn das Verfahren macht den Tee. Grüntee, Oolongtee und Schwarztee stammen von der gleichen Pflanze, durchlaufen aber unterschiedliche Verarbeitungsschritte.

• *Schwarztee*, in China aufgrund der Farbe des Getränkes auch roter Tee genannt, wird einem **Fermentationsprozess** unterzogen. Beim orthodoxen Verfahren werden die Blätter zuerst acht bis zwölf Stunden zum Welken ausgebreitet. Dann werden sie gerollt, dabei zerbrechen die Zellen, Zellsaft tritt aus und ätherische Öle werden frei. Nun kann die Fermentation, die eigentlich eine Oxidation ist, beginnen. Dabei werden Schwarztee-typische Aromen gebildet. Während Grüntees nach grünen Blättern und nach Heu riechen, entstehen durch die Fermentation blumige und karamellige Noten, die das grasige Aroma maskieren. Nach der Fermentation wird der Schwarztee getrocknet, erst dabei erhält er seine dunkle Farbe. Nur bei Rauchtees, wie zum bei Beispiel bei der chinesischen Schwarzteesorte *Lapsang Souchoung*, werden die Blätter beim Trocknen im Rauch von harzigen Hölzern geräuchert, sodass der Tee eine kräftig rauchige bis leicht speckige Note erhält. Im letzten Schritt werden die Blätter auf Basis der Blattstückgrößen mittels Sieben sortiert.

---

13 Frische Bohnen sind grün, ältere Bohnen werden gelb-braun.

14 Das ist der Schlitz auf der abgeflachten Seite der Kaffeebohne. Ist der Schnitt weit offen, dringt beim Rösten die Hitze zu schnell ein, geschlossener Schnitt ist daher besser.

15 Fehlerhafte Bohnen sind Stinkerbohnen (verfault), Frostbohnen, Grasbohnen (unreif), vertrocknete Bohnen, Bruchbohnen, insektenbeschädigte Bohnen. Eine einzige Fehlerbohne beeinträchtigt die ganze Tasse.

Blatttee (links) und Broken Tee (rechts) im Vergleich

Bei der zeitsparenden, maschinellen **„CTC"-Produktion** (Crushing = brechen, Tearing = zerreißen, Curling = rollen) werden die Teeblätter nach dem Welken in einem Arbeitsgang maschinell zerbrochen, zerrissen und gerollt, anschließend erfolgen Oxidation, Trocknung und Sortierung.

Blatttees mit ganzen oder nur geringfügig gebrochenen Teeblättern sind selten, daraus zubereitete Tees sind mild, aber aromatisch, und wenig bitter. Broken Tees mit mehrfach gebrochenen Blättern schmecken intensiver als Tee von ganzen Blättern, da das Wasser bei Broken Tees leichter Inhaltsstoffe herauslösen kann als bei Blatttees. Blatttee kann nur mittels orthodoxem Verfahren hergestellt werden, Broken Tee kann orthodox und maschinell hergestellt werden. Fannings sind sehr kleine Blattstücke, die nur kurz zum Ziehen

Der Blattgrad ist auf der Teedose angegeben. Der in dieser Dose enthaltene Tee mit Blattgrad TGFOP hat den höchsten Anteil an Blattspitzen.

brauchen. Sie werden ebenso wie der Dust, übersetzt Staub, für Teebeutel verwendet und benötigen eine kürzere Ziehzeit. Fannings und Dust werden gezielt maschinell hergestellt, fallen aber auch in geringen Mengen als Beiprodukt bei der Herstellung von Blatttees an. Etwa 98 % der weltweiten Teeproduktion resultiert in Broken, Fanning und Dust, nur 2 % in Blatttees.

Teedosen und Teeverpackungen weisen oft ein kleines Alphabet aus: FOP, TGFOP, SFTGFOP1. Dahinter stecken relevante Informationen.

Junge Blätter und Knospen haben einen silbernen Flaum auf der Unterseite, und dieser Flaum wird als **Pekoe (P)** bezeichnet. **Orange (O)** leitet sich vom Holländischen Königshaus (Oranien) ab, und bedeutet „königlich". Blatttee erkennt man auch an der Bezeichnung Orange Pekoe, Broken Tee an der Bezeichnung Broken Orange Pekoe.

Flowery (F) sind blumige Tees aus den jüngsten Blättern, das darunter stehende Blatt ist Orange Pekoe (OP). **Tippy (T)** sind die hellen Blattspitzen der jüngsten Blätter. Die Bezeichnung **Golden (G)** in manchen Anbauregionen betrifft ebenso die hellen leuchtenden Blattspitzen. Der Zusatz der Ziffer 1 am Ende des Blattgrades weist immer auf das Beste innerhalb der Kategorie hin. Die genannten Bezeichnungen sind standardisiert.

- OP (Orange Pekoe): Standardtee, lange Blätter ohne Spitzen
- FOP/FOP1 (Flowery Orange Pekoe/First Grade): einfache Tees, lange Blätter, wenig Spitzen
- GFOP/GFOP1 (Golden Flowery Orange Pekoe/First Grade): mehr Blattspitzen enthalten
- TGFOP/TGFOP1 (Tippy Golden Flowery Orange Pekoe/First Grade): höchster Anteil an Blattspitzen
- FTGFOP/FTGFOP1 (Finest Tippy Golden Flowery Orange Pekoe/First Grade): sehr hochwertiger Schwarztee, von den besten Plantagen, enthält etwa ein Viertel Blattspitzen
- SFTGFOP1 (Special Finest Tippy Golden Flowery Orange Pekoe/First Grade): die allerhöchste mögliche Gradierung

Ein Beispiel: Darjeeling FTGFOP1 Avengrove 2nd flush ist ein indischer Tee aus Darjeeling, ein Blatttee mit der Blattgradierung Finest Tippy Golden Flowery Orange Pekoe, der beste der Pflückung, ein Lagentee aus der Plantage Avengrove, Sommerernte. Ein wirklicher Hochgenuss, nebenbei bemerkt!

Analog gelten folgende Bezeichnungen bei Broken Tees:

- BOP (Broken Orange Pekoe): Haupt-Broken-Grad, Standard unter den Broken Tees
- FBOP (Flowery Broken Orange Pekoe): grober Tee, enthält einige Blattspitzen
- GFBOP (Golden Flowery Broken Orange Pekoe): mehr Blattspitzen enthalten
- TGFBOP (Tippy Golden Flowery Broken Orange Pekoe): hohe Qualität, mit einem hohen Anteil an Blattspitzen

• *Grüntee* wird im Vergleich zu Schwarztee nicht fermentiert, sondern nach dem Welken gedämpft (bei 100 °C in Japan) oder geröstet (bei 280 °C in China), danach ebenso gerollt, getrocknet und sortiert. **Dämpfen oder Rösten** ist wichtig, damit der Tee die grüne Farbe beibehält. Diese unterschiedliche Behandlung ist ein Mitgrund, warum chinesischer und japanischer Grüntee so unterschiedlich schmecken! Bei Grüntee werden andere Blattbezeichnungen als bei Schwarztee verwendet, da sich die Herstellung von Grüntee von der Schwarzteeproduktion unterscheidet. Unterschieden werden ganze Blätter, Teekugeln (etwas größere Kügelchen werden Gunpowder, kleinere Hyson genannt), oder zerriebener Tee wie der *Matcha*.

Weißer Tee ist eine chinesische Grüntee-Spezialität. Er wird in der Sonne getrocknet und nicht gerollt, die Blätter zerreißen daher auch nicht, und er fermentiert daher auch kaum an.

Weißer Tee. Für seine Herstellung werden nur die ersten Frühlingstriebe verwendet. Die feinen weißen Härchen führten zu seinem Namen.

• *Oolongtee:* Eine Mittelstellung zwischen fermentiertem Schwarztee und nicht fermentiertem Grüntee nehmen teilfermentierte Oolongtees ein. Teilfermentation bedeutet, dass nur die Blattränder des Tees fermentiert werden und somit dunkler sind als die Blattmitte. Die gewelkten Blätter werden in Bambuskörbe geschüttet und gerüttelt bzw. gequetscht, sodass die Blattränder angerissen werden und die Fermentation beginnt. Der Fermentationsprozess wird durch Rösten in Eisenpfannen frühzeitig gestoppt. Oolongtee gibt es seit etwa 400 Jahren, ursprünglich kommt er aus den chinesischen Provinz Fujian. Die Bezeichnung Oolong leitet sich aus dem Chinesischen Wulong ab und heißt übersetzt Schwarzer Drache oder Schwarze Schlange. Dieser Name bezieht sich auf die Form der traditionell hergestellten Oolongtees, wo die gerollten Blätter wie kleine Drachen aussehen. Taiwanesischer Oolongtee erinnert im Duft oft an Pfirsiche, während chinesischer Oolongtee meist kürzer fermentiert wird und somit dem Grüntee ähnlicher ist.

Ein Spezialtee ist der *Milky Oolong*, bei dem die Teeblätter vor dem Rollen über Milchdampf gedämpft werden. Dies verleiht ihm eine Note nach Kondensmilch, Karamell oder Vanille, und kleine weiße Pünktchen sind auf den aufgegossenen Teeblättern zu sehen. Dass der Milky Oolong in China, wo Milch kein Grundnahrungsmittel darstellt,[16] hergestellt wird, erscheint erstaunlich, der Tee dürfte primär ein Exportprodukt sein.

Halbfermentierter Milky Oolongtee. Der braune Blattrand ist fermentiert, das grüne Blattinnere nicht fermentiert.

Einer Legende zufolge – in Memoriam, dass Legenden ein Merkmal von Genussmitteln (siehe S. 32) sind – benötigte die ursprüngliche Variante des Tees gar keine Milch: ein plötzlicher Temperaturabfall während der Ernte war der Grund, warum der Tee auf natürliche Weise ein milchiges Aroma bekam. Dieser aufgetretene Temperaturabfall war die Folge von Liebeskummer des Mondes, der sich vor vielen Jahrhunderten in einen vorbei fliegenden Kometen verliebt hatte. Als der Komet erlosch, war der Mond so traurig, dass er starken Wind erzeugte – und die Temperatur auf der Teeplantage folglich absank. Als die Teebauern am folgenden Morgen die frischen Blätter ernteten und zu Oolongtee verarbeiteten, stellten sie erstaunt einen milchigen Geschmack fest.

Schokolade

Nach der Ernte werden die Kakaofrüchte aufgeschlagen und das Fruchtfleisch in Kästen oder auf Bananenbaumblätter gekippt. Dann erfolgt eine

16 Etwa 94 % der Chinesen sind laktoseintolerant.

Fermentation der Kakaofrüchte, die etwa zehn Tage dauert. Das Fruchtfleisch beginnt schnell zu gären, die beginnende Keimung der Samen wird durch den in der Gärung entstehenden Alkohol gestoppt. Bei der Fermentation werden kleine Eiweißstoffe (Aminosäuren und Peptide), die als Vorstufen der Aromastoffe gelten, in den Kakaobohnen freigesetzt, aus ihnen entsteht bei späterem Rösten das typische Kakaoaroma. Ohne Fermentation gäbe es kein Kakaoaroma, bei der Fermentation können jedoch auch geschmackliche Defekte, etwa große Mengen Säure entstehen.

Nach der Fermentation folgen **Trocknung, Reinigung und Sortierung** der Bohnen. Die Trocknung erfolgt traditionell in der Sonne oder in Trockenöfen. Die getrockneten Bohnen werden in schokoladenproduzierende Länder exportiert, wo die Weiterverarbeitung zu Kakaomasse und Schokolade erfolgt. Kakaobohnen können Fremdgerüche während Transport und Lagerung absorbieren.

Spätere Weiterverarbeitung

Spätere Weiterverarbeitungsprozesse sind **das Rösten und das Mischen**. Kaffee- und Kakaobohnen werden immer geröstet. Bei Tee wird nur chinesischer Grüntee geröstet, allerdings erfolgt der Röstprozess in letzterem Fall bereits im Zuge der Verarbeitung unmittelbar nach der Ernte, während Rohkaffee und Kakaobohnen erst zu einem späteren Zeitpunkt geröstet werden. Viele handelsübliche Kaffees und Schwarztees sind Mischungen – so wie viele Weine Cuvées aus verschiedenen Rebsorten sind. Bei Schokolade sind nur manche Edelschokoladen als sortenrein gekennzeichnet.

Kaffee

Das typische Kaffeearoma entsteht erst beim Rösten, und der gleiche Rohkaffee schmeckt, wenn er unterschiedlich geröstet wird, sehr unterschiedlich. Kurze Röstzeit bei hoher Temperatur verleiht dem Kaffee einen säuerlichen Geschmack. Rösten zum gleichen Röstgrad bei niedrigerer Temperatur über längere Zeit resultiert in weniger Säure, mehr Körper und komplexerem Geschmack. Nicht jede Kaffeesorte ist für jede Röstung geeignet! Äthiopischer Kaffee, Yauco Selecto aus Puerto Rico oder Kona aus Hawaii verlieren bei starker Röstung an Aroma, hingegen profitiert mexikanischer Kaffee durch starke Röstung.

Beim **Rösten** entstehen aus Eiweißbausteinen und manchen Zuckern, die beide in der Kaffeebohne enthalten sind, neue Verbindungen, die für Farbe und Aroma mitverantwortlich sind und zur Bitterkeit beitragen. Wird Zucker am Ende des Röstprozesses zugegeben, verstärkt sich die Bitterkeit im Vergleich zu klassisch geröstetem Kaffee ebenso, da der Zucker karamellisiert und einen verbrannten Film um die Kaffeebohnen bildet. Dieser Kaffee wird als Torrefactokaffee bezeichnet.

Kaffee ist ein Naturprodukt, und somit ist Kaffee aus einer Region **jährlichen Schwankungen** ausgesetzt. Durch Mischen verschiedener Bohnen (Herkunftsländer, Sorten, Qualitäten) kann ein einheitliches sensorisches Profil des Kaffees über die Jahre hinweg beibehalten werden. Mischen dient aber auch dazu, die Kosten gering zu halten, wenn billigere und teurere Kaffees gemischt werden. Letztendlich sei aber auch gesagt, dass nicht alle Kaffees aus einer Herkunft ungemischt harmonisch schmecken. Vielleicht erklärt auch das den Preis von Jamaica Blue Mountain – denn diese Kaffeesorte schmeckt auch ohne Mischen sehr harmonisch!

Tee

Bekannte Schwarzteemischungen sind die klassische englische Mischung, die eher blumige Schwarztees enthält, die Ostfriesenmischung, die starke Assamtees enthält, oder die russische Mischung, welche Tee aus China, Taiwan und Indien vereint. Wie beim Kaffee ist auch Tee aus einer Plantage als Naturprodukt sensorisch nicht standardisierbar, sondern Schwankungen ausgesetzt. Diese können durch Veränderungen der Mischungen ausgeglichen werden.

Tee kann auch aromatisiert werden. Getrocknete Teeblätter können durch ihre Poren Aromen aufnehmen. Bei **Jasmintee** werden die frischen, gelben Jasminblüten unmittelbar nach dem Öffnen der Blüten entweder Grüntee oder Schwarztee beigemengt und gut mit dem Tee vermischt. Zu diesem Zeitpunkt geben die Blüten ihr Aroma ab, der Tee nimmt das Blumenaroma an und die Blüten werden durch Aussieben wieder entfernt. **Earl Grey** ist ein mit Bergamottenöl oder -Aroma aromatisierter Schwarztee.

Schokolade

Beim **Rösten** der Bohnen zwischen 100 °C und 140 °C entsteht der eigentliche Kakaocharakter. Unterschiedliche Sorten werden bei unterschiedlichen Temperaturen optimal geröstet. Zudem hängt die Rösttemperatur von der Größe der Kakaobohnen ab.

Die gerösteten Bohnen werden gebrochen und von den Schalen befreit. Im daraus resultierenden **Kakaokernbruch** sind noch einige unerwünschte Geschmacks- und Geruchsstoffe enthalten, die jedoch im Zuge der Schokoladenherstellung durch Conchieren (s. u.), einem Veredelungsprozess, entfernt werden. Durch Mahlen des Kakaokernbruches entsteht eine flüssige Masse. Durch Pressen wird die Kakaobutter von der dunklen Kakaomasse abgetrennt.

Der **Kakaogehalt** von Schokoladen kann bis zu 100 % betragen. Diese Schokoladen kleiden den Gaumen aus, sind lange anhaltend, nicht süß, und schmecken je nach Herkunft nach Kakao, aber auch fruchtig, exotisch. Die meisten Schokoladen enthalten neben Kakaobestandteilen aber auch andere Zutaten. Je nach Rezeptur werden Kakaomasse, Kakaobutter, Zucker und Milchbestandteile gemischt und fein zermahlen. Die feingewälzte Schokolademasse schmeckt vorerst sauer. Beim **Conchieren** wird die Schokolademasse unter stunden- bis tagelangem Rühren erwärmt, dabei werden flüchtige Säuren und unerwünschte Aromen entfernt. Eine amerikanische Studie zeigte, dass Schokolade bei längerem Conchieren glatter wurde und den Mund stärker auskleidete. Der Effekt ist für untrainierte Konsumenten deutlich spürbar. Die Tester bevorzugten auch die länger, d. h. 21 und 76 Stunden conchierten Varianten gegenüber einer 8 Stunden conchierten Schokolade. Nach dem Conchieren wird die Schokolademasse vorsichtig abgekühlt und auskristallisiert, und dann entweder in Formen gegossen oder als Überzug eingesetzt.

Weiße, Milch- und dunkle Schokolade unterscheiden sich in ihrer Zusammensetzung:

- **Weiße Schokolade** besteht primär aus Zucker, Kakaobutter und Milchpulver, enthält jedoch keine Kakaomasse.
- **Milchschokolade** besteht vorwiegend aus Zucker, Kakaobutter, Kakaomasse und Milchpulver (z. T. auch Sahnepulver).
- **Dunkle Schokolade** enthält vor allem Kakaobutter, Kakaomasse, Zucker – die Zusammensetzung hängt vom Kakaoanteil der Schokolade ab!

Zucker oder Milch überdecken zum Teil den sortentypischen Kakao-Geschmack. Eine häufige Zutat zu Schokoladen mit durchschnittlichen Qualitäten sind Emulgatoren, meist Sojalecithin. Diese werden eingesetzt, um die fette Kakaobutter besser mit den anderen Bestandteilen vermischen zu können. Lecithine sind natürliche Bestandteile von Zellmembranen tierischer und pflanzlicher Lebewesen und als Begleitstoff in Fetten und Ölen unter anderem im Eidotter und in Soja vorhanden. Lecithine sind gesundheitlich unbedenklich.

Lagerung

Bei lagerfähigem Wein gilt: länger ist besser. Das trifft auf Tee, Kaffee und Schokolade nicht zu.

Kaffee

Richtige Lagerung ist Voraussetzung für Kaffeegenuss. Dies betrifft sowohl Roh- als auch Röstkaffee. Gerösteter Kaffee verliert rasch sein Aroma, vakuumverpackter Kaffee ist durch Sauerstoffausschluss länger lagerfähig. Kaffee schmeckt im Laufe der Zeit alt, verliert an Aromastoffen und wird etwas ranzig. Auch bereits portionierter Kaffee in Pads bedarf entsprechender Lagerung, da Pads ebenso ausrauchen können.

Tee

Im Laufe der Lagerung verliert auch Tee sein Aroma. Dunkel, trocken und vor Fremdgerüchen geschützt gelagert, ist Schwarztee bis zu zwei Jahre haltbar, die Teedose hat sich diesbezüglich bewährt! Grüner und weißer Tee sind nicht für derart lange Lagerung geeignet. Frischen Tee erkennen Sie am Glanz, die getrockneten Blätter sehen frisch aus, nicht schalgrau. Vor allem aber erkennt man beim Riechen, ob der Tee frisch ist: Wenn beim Öffnen der Dose kaum mehr ein Geruch vorhanden ist, liegt der Tee schon länger darin.

Schokolade

Schokolade ist aufgrund des niedrigen Wassergehalts ebenso relativ lange haltbar. Die Textur verändert sich jedoch, am Ende der Mindesthaltbarkeit ist die ungefüllte Schokoladentafel etwas härter. Wird Schokolade zu warm gelagert oder starken Temperaturschwankungen ausgesetzt, kann ein grauer Überzug entstehen. Dieser **Fettreif** entsteht bei Wärme aus Kristallen der Kakaobutter, die an die Oberfläche steigen und dort umkristallisieren. Die Augen essen mit, und eine unschöne Oberfläche beeinflusst das Gesamt-Genusserlebnis. Gefüllte Schokoladen sind anfälliger für Fettreif. Auch **Zuckerreif**, ein weißgrauer fleckiger Belag, ist unerwünscht. Kommt Schokolade von einer kalten in eine sehr warme Umgebung, kann es zur Kondensation auf der Schokoladenoberfläche kommen, das heißt, die Schokolade wird an der Oberfläche etwas feucht. In dieser Feuchtigkeit löst sich Zucker aus der Schokolade. Sobald das Wasser verdampft, kristallisiert der Zucker an der Oberfläche aus und verleiht der Schokolade eine raue, ungleichmäßige Oberfläche, die ähnlich aussieht wie Schimmel. Schokolade kann sowohl mit Fettreif als auch mit Zuckerreif gegessen werden.

Wer Schokolade im Kühlschrank lagert, sollte sie vor dem Genuss eine Zeit lang bei Zimmertemperatur liegen lassen, da die retronasale Aromawahrnehmung (siehe S. 16) bei Raumtemperatur höher ist als im kühleren Zustand. Die Schokolade schmilzt auch besser, wenn sie raumtemperiert verkostet und kurz im Mund gelassen wird.

Zubereitung des Getränkes bzw. Verwendung in der Küche

Die beste Qualität nützt nichts, wenn das Getränk falsch zubereitet wird. Das trifft für zu warm servierten Weißwein oder kühlschrankkalten Rotwein genauso zu wie für sehr heiß aufgebrühten Grüntee, unterextrahierten Espresso (s. u.) oder die falsch gelagerte Schokolade.

„Sollte dies Kaffee sein, bringen Sie mir bitte Tee. Sollte dies Tee sein, bringen Sie mir bitte Kaffee." Diese Aussage stammt von Abraham Lincoln, dem 16. US-Präsidenten, der von 1861 bis 1865 amtierte, und der sich offenbar mit einem qualitativ unzumutbaren Getränk konfrontiert sah.

Kaffee

Was muss man bei der Zubereitung von gutem Kaffee beachten? Wasserhärte,[17] Kaffeemenge pro Tasse, Mahlgrad, Art der Zubereitung abhängig von der Kaffeemaschine sowie etwaige Zusätze haben einen Einfluss auf Geruch und Geschmack von Kaffee. Wie fein ein Kaffee gemahlen wird, hängt von der Zubereitungsart ab, denn zu lange Kontaktzeit erhöht die Bitterkeit im Geschmack.

Bei **Espresso** lassen Farbe und Konsistenz der **Crema** Rückschlüsse über etwaige Zubereitungsfehler zu. Normalerweise ist die Crema rötlich-braun. Niedrige Wassertemperatur oder zu kurze Extraktionszeit bei zu geringer Dosierung des Kaffeepulvers oder zu grobem Mahlgrad kann zu Unterextraktion und somit zu hellem, dünnem, rasch verschwindendem Schaum führen. Zu fein gemahlener Kaffee oder zu starke Dosierung kann hingegen in einer dunklen Crema mit einem Loch in der Tassenmitte resultieren. Bei zu langer Brühzeit kann ein weißer Fleck in der Mitte der Crema entstehen. Sieht die Crema aus wie weißer Schaum, könnte das Wasser zu heiß gewesen sein. Aber nicht nur die Crema-Beschaffenheit ändert sich bei falscher Zubereitung. Denn bei Überextraktion gelangen unerwünschte ranzige und

17 Die Wasserhärte wird meist in deutschen Härtegraden dH° ausgedrückt. Sie hängt von der Menge an gelösten Stoffen im Wasser ab. 0–8,4 dH° gelten als weiches Wasser, 8,4–14 als mittel, über 14 dH° als hartes Wasser. Zu weiches Wasser betont die Säure des Kaffees stark, in sehr hartem Wasser lösen sich Aromen schlechter.

rauchige Aromastoffe in das Getränk über, die bei normaler Extraktionszeit aufgrund ihrer schlechten Löslichkeit keine Rolle spielen.

Bei **Filterkaffee** ist der Hauptzubereitungsfehler die zubereitete Kaffeemenge, die in vielen Büros dazu führt, dass den ganzen Tag lang abgestandener Kaffee getrunken wird! Die „Unsitte", morgens eine ganze Kanne Filterkaffee aufzustellen und das im Laufe des Tages aromalose und völlig gekippte Getränk zu trinken, reduziert Kaffee vom Genussmittel auf eine Koffeinquelle! Länger als eine halbe Stunde sollte Kaffee nicht in der Kanne stehen.

Zusatz von Milch ändert Farbe, Geruch, Geschmack und Mundgefühl des Kaffees. Milchprodukte enthalten einerseits selbst Aromastoffe, zudem können Milcheiweiß und Milchfett in Wechselwirkung mit Aromastoffen des Kaffees treten. Kasein, ein Eiweißstoff der Milch, vermindert bei Zusatz zu Kaffee die sensorisch wahrnehmbare Säure, die Kaffeeintensität, Röstnoten, bitteren oder verbrannten Geschmack. Kaseine sind aufgrund ihrer Struktur und Oberfläche in der Lage, mehr Aromastoffe zu binden als die einfach gebauten Molkenproteine, die ebenso Bestandteil des Milcheiweißes von Kuhmilch sind. Milchtypische Attribute wie sahnig, milchig und buttrig werden durch Kaseinzusatz hervorgerufen. Das Milchfett hat ebenfalls deutliche Auswirkungen auf das Kaffeegetränk. Es senkt den Röst- und Kaffeegeruch, während der milchige und sahnige Geruch zunimmt, ebenso sinkt der Kaffeegeschmack, während der sahnige und milchige Eindruck erhöht wird. Zuckerzugabe bewirkt neben einem süßen Geschmackseindruck auf der Zunge auch eine Veränderung in der Bitterkeit von Kaffee.

Die richtige Zubereitung hängt von der Zubereitungsmethode ab:

Filterkaffee und Karlsbader Kaffeekanne: Pro Tasse werden ca. 7 g fein gemahlenes Kaffeepulver in einem Filter mit heißem Wasser übergossen. Filterkaffee „kippt" relativ rasch und sollte auf keinen Fall lange warm gehalten werden!

Türkischer Kaffee: Fein gemahlener Kaffee wird mit Wasser, Zucker und Kardamom erhitzt, bis sich ein Schaum bildet. Der Kaffeesatz wird nicht abgefiltert.

Maccinetta = Espressokanne = Mokkapot: Der untere Teil der Maccinetta wird mit Wasser gefüllt. Das Kaffeepulver wird in einen Sieb-Aufsatz gefüllt und stellt den Mittelteil dar, der obere Teil ist eine Kanne, die auf die beiden unteren Teile geschraubt wird. Beim Erhitzen direkt auf dem Herd wird das

Die Kaffeemaschine macht den Kaffee – hier einige ältere Modelle. Ganz links: Mokkapot.

Karlsbader Kaffeekanne mit Porzellanfilter

Wasser aus dem untersten Teil mittels Druck durch das Kaffeepulver nach oben in die Kanne gedrückt. Der Kaffee ist sehr stark, hat eine strenge Säure, aber keine Crema wie der Espresso.

Cafetière = Pressstempelkanne: grob gemahlener Kaffee wird in der Cafetière mit kochendem Wasser übergossen. Nach ca. fünf Minuten Ziehzeit wird der Kaffeesatz mit dem Press-Stempel nach unten auf den Boden der Kanne gedrückt, um Kaffeesatz und Flüssigkeit zu trennen.

Tee

Die Zubereitung von offenem Tee ist ein kleines Ritual. Tee kann mit verschiedenen Filtersystemen und Kannen zubereitet werden, und Variationen in der Tee-Dosierung, Wasserhärte, Wassertemperatur, Ziehzeit, Anzahl der Aufgüsse, Art der Zubereitung sowie etwaige Zutaten haben einen Einfluss auf Geruch und Geschmack des Teegetränkes. Vor allem Grüntee wird oft falsch zubereitet!

Die **Dosierung** offener Tees hängt vom Blattgrad ab. Bei gröberen Blattgraden oder ganzen Blättern nimmt man einen gehäuften Teelöffel pro Tasse (250 ml) und lässt diesen tendenziell länger ziehen. Bei feinen Blattgraden genügt ein gestrichener Teelöffel pro Tasse und kürzere Ziehdauer. Die Faustregel lautet: zirka 12 Gramm Tee pro Liter Wasser.

Weicheres Wasser ist für Tee besser, da hartes Wasser weniger Aromastoffe aus dem Tee löst. Man kann sich das Wasser, das aus der eigenen Leitung kommt, zwar nicht aussuchen, sehr hartes Wasser aber mit Wasserfiltern enthärten.

Während Schwarztee mit kochendem Wasser überbrüht wird, werden Grüntee und weißer Tee bei etwa 70 °C bis maximal 90 °C aufgegossen. Je hochwertiger der Grüntee, desto niedriger sollte die Wassertemperatur sein, Durchschnittsqualitäten können mit 90 °C aufgegossen werden. In einer Studie wurde gezeigt, dass koreanische Konsumenten die Intensität von Grüntees, die bei 60 °C aufgebrüht wurden, nach ungefähr 3 Minuten Ziehzeit am besten empfanden, während sie die Intensität derselben Tees mit 80 °C heißem Wasser überbrüht bei etwa 1 Minute am besten empfanden. Die **ideale Aufgusstemperatur** ist also in Zusammenhang mit der Ziehzeit zu sehen. Halbfermentierter Oolongtee wird, je nachdem ob er näher dem Grüntee oder dem Schwarztee ist, mit ca. 90 °C (80 °C bis kochend) aufgegossen.

Die empfohlene Ziehzeit hängt nicht nur vom gewünschten Geschmack, sondern auch davon ab, ob man anregende Wirkung wünscht. Bei Schwarztee resultieren 2–3 Minuten Ziehdauer in einem leicht aufputschenden Tee, da das enthaltene Koffein in dieser Zeit fast vollständig im Tee gelöst ist, noch nicht aber die Gerbstoffe, welche das Koffein binden. Lässt man Schwarztee 5–7 Minuten ziehen, ist er kein anregendes Getränk mehr.

Die **ideale Ziehdauer** ist auch abhängig von der Blattgröße, da kleine Teepartikel ihre Inhaltsstoffe schneller abgeben. Teebeutel benötigen daher kürzere Ziehzeit als Blatttees. Oolongtee sollte ähnlich wie Schwarztee etwa zwei Minuten ziehen. Grüntee zieht kürzer, üblicherweise nur 1–2 Minuten, maximal aber drei Minuten, abhängig von der Aufgusstemperatur. Wer Grüntee fünf Minuten ziehen lässt, darf sich nicht über dessen bittere Intensität wundern! Bei mehrmaligem Aufgießen von Grüntee soll der zweite Aufguss etwas länger und heißer als der erste sein. Das wiederholte Aufgießen muss innerhalb einer relativ kurzen Zeitspanne stattfinden. Einmal aufgegossen, soll Grüntee nicht lange herumstehen.

Die in manchen Kulturen propagierte Waschung des Tees in Form eines ersten Aufgusses, der weggeschüttet wird, dürfte ihren Ursprung in der Schadstoffproblematik haben. Rückstandskontrollierte Tees bedürfen aber keiner Waschung. Ein weiteres Argument der Waschung liegt in der Entfernung grasiger Geschmacksnoten von Grüntee. Ein Grund, warum im deutschsprachigen Raum manche den ersten Grüntee-Aufguss wegschütten, mag jedoch in der falschen Zubereitung liegen. Zu heiß aufgegossen oder zu lange gezogen, schmeckt Grüntee zu herb.

Andere Länder, andere Sitten, Gebräuche und Genüsse: Die traditionelle russische Art der Teezubereitung ist jene mit dem Selbstkocher **Samowar**. Tee wird als Konzentrat hochdosiert in einem kleinen Kännchen zubereitet. Im Samowar wird Wasser erhitzt. Es wird in jede Tasse wenig Teekonzentrat gegossen und dann mit Wasser, das aus dem Samowar abgezapft wird, verdünnt. Die ostfriesische Variante des Teegenusses ist jene mit Kandiszucker (**Kluntje**), starkem Assam Tee sowie mit Sahne, die vorsichtig in den Tee gegossen wird. Beim Eingießen des Tees knistert der Kluntje, beim langsamen Zufügen der Sahne bilden sich aus der Sahne „Wölkchen". Zucker reduziert die etwaige Bitterkeit eines Tees. In Russland wird zum Teil Kirschmarmelade zum Tee gegeben, sie verleiht dem Tee neben Süße auch Fruchtigkeit.

Kluntje, der große Kandiszucker (im Bild links), wird bei der ostfriesischen Teezeremonie genossen.

Ostfriesische Teezeremonie. Durch vorsichtiges Zuführen von Sahne zum Tee bilden sich „Wölkchen".

Wie beim Kaffee beeinflusst der **Zusatz von Milch** natürlich auch das Tee-Aroma, einerseits durch die Aromen der Milch selbst, andererseits durch Wechselwirkungen zwischen den Inhaltsstoffen des Tees und der Milch. Dabei ist es nicht gleichgültig, ob zuerst der Tee oder zuerst die Milch in die Tasse geleert wird. Wenn Sie zuerst Tee in die Tasse leeren und dann etwas Milch in den sehr heißen Tee geben, wird das Milcheiweiß verändert und kann die Bitterstoffe des Tees nicht mehr binden. Dieser Tee mit Milch schmeckt folglich bitterer als Tee, der nach der Milch in die Tasse gegossen wird. Gießt man nämlich heißen Tee langsam in die kalte Milch, so reduziert sich die Bitterkeit, da die Mischung vorerst nicht heiß genug ist, um das Eiweiß der Milch zu verändern.

Matcha, ein grell-grünes Teepulver, das für die japanische Teezeremonie verwendet wird, wird mit etwa 80 °C heißem Wasser aufgegossen und mittels Bambusbesen schaumig geschlagen. Einige Wochen vor der Ernte der Teeblätter werden die Teeplantagen abgedeckt, um Schatten zu erzeugen. Matcha erinnert geschmacklich an gekochten Spinat und an Seetang.

Die Verwendung von **Teeeiern** ist bei Blatttee und Broken Tee nicht ideal, da der Tee zu wenig Platz zur räumlichen Entfaltung hat. Je mehr Platz der Tee zum Ausbreiten hat, desto besser.

Schokolade

Die Verarbeitung vom Kakao zur Schokolade wurde bereits beschrieben, hier gibt es per se keine Zubereitung mehr, durchaus aber Weiterverarbeitungen. Denn auch für Schokoladekuchen ist es nicht egal, ob Haushaltsschokolade oder gute Schokolade verwendet wird. Der beste Schokokuchen, den ich bislang gegessen habe, war einer, der außen schon fest und innen noch flüssig war, aus dunkler Edel-Schokolade gemacht, mit Kampotpfeffer.[18] Dazu gab es Basilikumeis – ein herrlicher Genuss![19] Schokolade lässt sich nicht nur mit Basilikumeis spannend kombinieren. In Kapitel 3 erfahren Sie mehr über die Kombination von Käse und Schokolade.

Verkostung

Sollten Sie Wein- oder Bierliebhaber sein, ist Ihnen das Weinaromarad oder der Bierfächer vielleicht ein Begriff. Das **Weinaromarad** enthält zahlreiche Begriffe zur Beschreibung des Aromas. Der **Bierfächer** greift hingegen auf,

18 Kampot = Provinz in Kambodscha
19 Gegessen habe ich diese Kombination bei einem Kochabend des Vereins Sensorik Netzwerk Österreich, bei Babette's Spice and Books for Cooks in Wien.

welches Bier zu welcher Speise passt und bei welcher Temperatur das jeweilige Bier serviert werden sollte. Außerdem werden Alkoholgehalt, Aromatik und Bitterintensität dargestellt.

Wie aber können Kaffee, Tee und Schokolade ideal verkostet und beschrieben werden?

Kaffee

Bei professionellen Verkostungen wird schwarzer Kaffee ohne Zusätze von einem Löffel geschlürft. Durch diese hörbare Technik wird der Kaffee in der Mundhöhle sprayartig verteilt, der Geschmack und der retronasale Geruch (das Aroma) sind simultan wahrnehmbar. Kaffee muss im Zuge von Verkostungen nicht geschluckt werden und kann nach Umwälzen in der Mundhöhle wieder ausgespuckt werden.

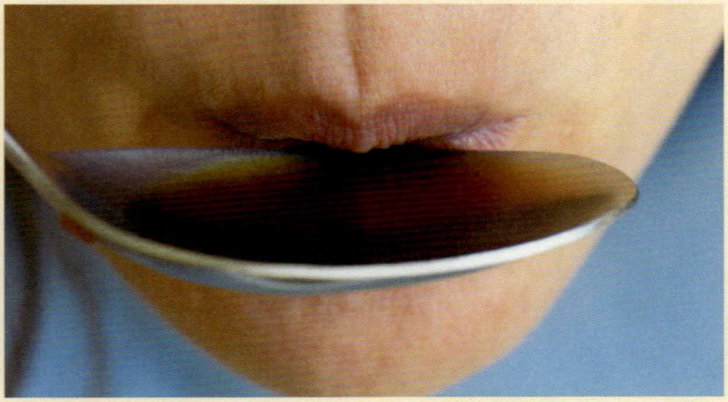

Verkostungstechnik bei schwarzem Kaffee. Der Kaffee wird vom Löffel geschlürft.

Kaffee kann unter anderem anhand folgender sensorischer Eigenschaften charakterisiert werden **(ICO International Coffee Organisation)**:

- **Aroma:** animalisch, aschig, verbrannt/rauchig, chemisch/medizinisch, schokoladenartig, Karamell, Getreide/Malz/Toast, erdig, blumig, fruchtig/Zitrus, grasig/grün/kräuterartig, nussig, ranzig/verdorben, gummiartig, würzig, Tabak, weinig, holzig.
- **Geschmack:** säuerlich, bitter, süß, salzig, sauer (Letzteres als unangenehme Säure)
- **Mundgefühl:** Körper, adstringierend.[20]

Ein noch umfassenderes Kaffee-Vokabular mit 74 Begriffen und Definitionen wurde 2009 im Journal of Sensory Studies publiziert. Darin waren zahlreiche Begriffe des ICO-Vokabulars enthalten, aber auch völlig andere Noten

20 = zusammenziehend

wie gebackene Süßkartoffel, Banane, Pfirsich, schwarzer Pfeffer, Plastik oder Gerstentee.

Wenn Sie Ihren **Kaffeegaumen** schulen möchten, verkosten Sie Kaffees aus verschiedenen Herkunftsländern, idealerweise schwarz, ohne Zusatz. Wenn Ihnen die Zubereitung mehrerer Kaffees im direkten Vergleich zu aufwendig ist, machen Sie sich Notizen und vergleichen Sie am Ende Ihre Aufzeichnungen. Wenn Sie Milchkaffeetrinker sind, vergleichen Sie denselben Kaffee auch einmal mit zwei unterschiedlichen Milchtypen direkt nebeneinander (z. B. mit unterschiedlichem Fettgehalt oder frische Milch versus „länger frisch").

Tee

Tea Taster, Teeverkoster, sind in großen Tee-Unternehmen für Einkauf und Mischung von Teesorten zuständig. Sie verkosten während der Haupternte- und Haupteinkaufszeit von Mai bis Ende Juli mehrere Hundert Teeproben täglich. Die Zubereitung für die Teeproben für diese Vorverkostungen ist überall auf der Welt gleich. Schlucken ist bei der großen Probenzahl nicht möglich, verkostet wird auch hier durch Schlürfen. Die aufgebrühten Teeblätter werden optisch (Farbe, Beschaffenheit) und im Geruch getestet. Dann werden die Teeproben (Tasse) gekostet und hinsichtlich Aussehen, Geruch und Geschmack bewertet. Laut Deutschem Teeverband dauert die Ausbildung zum Tea Taster etwa sieben Jahre, da sie viel Erfahrung erfordert. Letztlich wollen viele Konsumenten, dass „ihre" **Teemischung** immer gleich schmeckt, auch wenn der Tee ein Naturprodukt ist. Erreicht werden kann das nur durch Variation der Mischungen.

Wie können Sie zuhause Tee beschreiben? An der Kansas State University in den USA analysierte eine Gruppe trainierter und erfahrener Testpersonen 138 Grüntees aus neun Ländern und erarbeitete eine umfassende Liste mit Attributen zur Beschreibung des Geschmacks und Mundgefühls. Folgende Begriffe wurden gefunden und in Gruppen zusammengefasst. Vielleicht erscheint Ihnen der eine oder andere Begriff passend für Ihren Grüntee.

„Grün": nach Spargel, Bohnen, Kohlsprossen, Sellerie, Petersilie, Spinat, Fisolen (grüne Bohnen), Kräuter

„Braun": nach Asche, braunen Gewürzen, verbrannt, nussig, Tabak

„Fruchtig-blumig": fruchtig, blumig-parfumiert, Zitrus, fermentiert

„Grundgeschmacksarten": süß, bitter

„Mundgefühl": adstringierend, ätzend auf Zähnen

„andere": Mandel, animalisch, Getreide, muffig-ledrig, Minze, Seetang, strohig, medizinisch

Vergleichsverkostungen sind auch zuhause immer spannend! Es genügt ein kleines Set aus zwei oder drei Sorten Grüntee oder drei Sorten Schwarztee. Hier einige Vorschläge für Tees, die Sie in jedem gut sortierten Teegeschäft bekommen:

- *Schwarztee*

Indischer Darjeeling wurde bereits bei der Ernte (siehe S. 48) charakterisiert. Eine Vergleichsverkostung von Darjeeling first flush, second flush und Autumnals ist in jedem Fall lohnend, analog Assam first flush und second flush im Vergleich. Darjeeling first flush sollte übrigens schwarz, ohne Zusatz von Milch getrunken werden. Wer Tee grundsätzlich mit Milch trinken möchte, greift besser zu kräftigeren Assamtees.

Ceylon Teesorten aus Sri Lanka haben zum Teil eine zitronige Note, etwa Tees aus den Regionen Dimbula oder Nuwara Eliya. Auch hier ist ein Vergleich der Regionen spannend, etwa aus Uva (1.200–1.500 m), Dimbula (1.200–1.700 m) und Nuwara Eliya (2.000 m).

Lapsang Souchong: Der bereits zuvor genannte chinesische Lapsang Souchong wird über harzigen Hölzern geräuchert und riecht und schmeckt entsprechend rauchig. Durch Zusatz von Sahne wird das speckig-rauchige Aroma etwas reduziert, der Tee wird harmonischer. Ein getoastetes Aroma wird dem Keemun, einem Schwarztee aus der chinesischen Provinz Anhui, zugeschrieben. Er enthält Myrcenal, einen Aromastoff, der auch im ätherischen Öl von Lorbeerblättern vorkommt. Chinesischer Yunnan ist erdig und vollmundig, die Farbe des Aufgusses ist rotgold.

- *Grüntee*

Teeblume „Chu Shui Fu Rong“ (oval) und Teerose „Mu Dan“ (rund)

Teeblume Chu Shui Fu Rong, aufgegossen

Aufgrund der unterschiedlichen Erhitzung (Dämpfen in Japan, Rösten in China, s. o.) sind japanische und chinesische Senchas sehr verschieden. Ein Sencha-Vergleich ist daher in jedem Fall interessant. Genmaicha ist eine Kombination von Sencha und geröstetem Reis. Japanischer Gyokuro (übersetzt: „Tautropfen") ist eine edle Teesorte mit kräftigem Aroma.

Aus manchen Grüntees werden Teerosen händisch gebunden. Ein Spruch lautet: „Tee ist wie eine Rose. Zum Blühen gebracht und ohne Dornen, schenkt sie unendliche Freude." Das kann ich bestätigen, ich habe auch verschiedene Teeblumen vergleichend verkostet – und nicht nur deren Anblick genossen!

- *Weißer Tee*

Ein bekannter weißer Tee ist der Pai Mu Tan (= Pfingstrose). Die weiße Pfingstrose stellt für Chinesen ein Glückssymbol dar. Weitere weiße Tees sind der Yin Zhen (= Silbernadel), der Shou Mei (= langlebige Augenbraue) oder der Gong Mei (= Tribut-Augenbraue).

- *Kochen mit Tee*

Zusätzlich zum Trinken können Sie mit Tee übrigens auch prima kochen. Schwarztee kann in Marinaden für Salat oder Fleisch verwendet werden oder Wok-Gemüse aromatisieren. Mit Grüntee können manche Desserts angereichert werden. Innovativ ist die Idee der Teeküche nicht: Angeblich wurde Tee, bevor er als Getränk entdeckt wurde, gegessen. Auch in der jüngeren Vergangenheit – im 18. Jahrhundert – wurde Tee als Zutat zu Füllungen und Cremes geschätzt. Auch Teepunsch, Tee Bowle oder selbst gemachter Eistee sind rasch hergestellt und schmecken gut.

Schokolade

Geschulte Schokoladeverkoster entwickeln ein entsprechendes Vokabular zur Beschreibung von Schokolade. Es umfasst Aussehen, Geruch, Geschmack, Textur und Nachgeschmack.

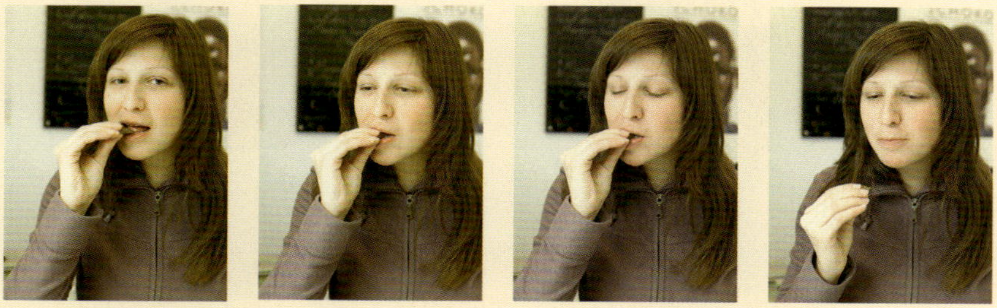

Schokolade genießen und nachdenken, was man schmeckt – Genuss braucht Zeit und geht nicht nebenbei!

Ein glatter Bruch bei dunkler Schokolade ist ein Zeichen guter Qualität.

Aussehen: Glanz, Farbton und -intensität, gleichmäßige Farbe, gleichmäßige Oberfläche, etwaige Lufteinschlüsse, Dicke der Tafel, Fettreif oder Zuckerreif, sichtbare Zutaten wie Nüsse, bei gefüllten Produkten auch Farbe und Menge der Füllung – das alles ist mit dem Auge erkennbar. Die Farbe beeinflusst unsere Erwartungshaltung. Aber auch die Form einer Schokoladentafel ist nicht unbedeutend, denn sie beeinflusst nicht nur das optische Bild, sondern auch das Mundgefühl. Gute Schokolade ohne Spezialzutaten hat eine glatte Oberfläche und bricht glatt, vor allem dunkle Schokolade.

Geruch: Wie oft haben Sie schon bewusst an Schokolade gerochen, bevor sie abgebissen haben? Schokolade kann nach Kakao, würzig, malzig, rauchig, geröstet, verbrannt, fruchtig, blumig, nussig, nach Milch oder erhitzter Milch, sahnig, nach Vanille, Karamell oder einem Hauch Kaffee riechen.

Geschmack und Nachgeschmack: In Abhängigkeit von der Kakaosorte, Qualität und den anderen Zutaten schmeckt Schokolade süß, säuerlich, salzig oder bitter, würzig, fruchtig, nach Kakao, nussig, nach Karamell, Vanille, malzig, milchig, nach Kondensmilch, sahnig, nach gerösteten Kakaobohnen, u. v. m.

Die *Textur*, das heißt die Härte und das Schmelzen werden sowohl in der Hand als auch im Mund wahrgenommen. Etwaige Partikel erzeugen ein sandiges, raues Mundgefühl. Schokolade kann ein fettig-öliges Mundgefühl erzeugen, den Mund mehr oder weniger auskleiden und unterschiedlich lange

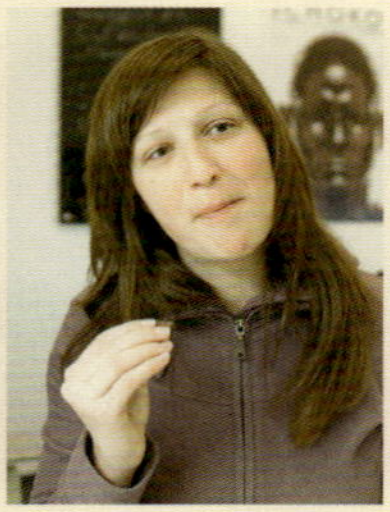

haften bleiben. Manche Schokoladen sind zudem adstringierend, d. h. sie haben eine zusammenziehende Wirkung im Mund.

Schokolade kann Fehler (off-flavour) besitzen: etwa ranzigen Eindruck oder Altgeschmack.

Ein Vergleich von sortenreinen Schokoladen mit Herkunftsangabe desselben Herstellers lohnt sich – zum Beispiel lauter 75 %-ige oder 85 %-ige Schokoladen aus verschiedenen Ländern, Plantagenschokoladen, Criollos und Trinitarios im Vergleich.

Die Geschmacksrichtung von gefüllten Schokoladen ist bei **Blindverkostung** wahrlich nicht immer leicht erkennbar. Eine kleine Gruppe untrainierter Konsumenten hat beispielsweise in einem meiner Seminare Bier-Schokolade nicht als solche erkannt und die Schokolade mit den Begriffen scharf, Pfeffer/Chili im Nachgeschmack, Pariser Creme, Trüffel, fettig, cremig, bitter, süß, alkoholisch, Schnaps, nussig, Marzipan und Kaffee beschrieben. Das liegt nicht notwendigerweise an deren mangelnder Sinnesleistung oder semantischem Vermögen, sondern auch daran, dass nicht alle Produkte vordergründig nach dem schmecken, was drauf steht – auch wenn es enthalten ist!

Nicht nur die Genussmittel, auch die Genießer unterscheiden sich!

Kaffee

2005 wurden Kaffeetrinker in der deutschen Fachzeitschrift Ernährungsumschau in drei Kategorien eingeteilt. Genussorientierte, traditionelle Kaffeetrinker trinken Kaffee aus Genuss. Sie sind sozial orientiert, pflichtbewusst, kulturell interessiert, markentreu und streben nach einem harmonischen Lebensstil. Die probierfreudigen Hedonisten sind erlebnis- und lustorientiert, der Preis ist für sie wichtiger als die Marke. Eine dritte Gruppe Kaffeetrinker sind die wirkungsorientierten Traditionellen, die Kaffee wegen seiner belebenden Wirkung brauchen.

Tee

Eine österreichische Teestudie aus dem Jahr 2009 zeigte, dass 28 % der Befragten Tee primär zur Steigerung des Wohlbefindens trinken, 38 % wegen seiner gesundheitsfördernden Wirkung und 56 % aufgrund des Genusses.

Schokolade

Martina Griese und Brit Lippold[21] unterteilen zahlreiche Schokoladen-Esser-Typen: in die Feierabendgenießer, die sich nach Erfüllung sämtlicher Pflichten am Abend Schokolade gönnen. Die Süßen, die zum Frühstück, Mittagessen und Abendessen süß essen, und das Süße genauso wie die Luft zum Atmen brauchen. Die Ritualsüßen, die Schokoladegenuss zelebrieren und niemals nebenbei Schokolade essen würden. Die Frustnascher, die ihren Frust mit Schokolade hinunter schlucken. Die Nichtnascher, die (fast) nie Süßes wollen, und die Antitypen, die Schokolade als Mittel zur Energiezufuhr und als schnellen Mahlzeitenersatz betrachten. Die heterogene Gruppe der Geschmackstypen, darunter die Bittertypen, die entsprechend dunkle Schokoladen favorisieren. Die Surrealisten, die am liebsten außergewöhnliche Kombinationen wie Spargelpralinen essen. Last, but not least, werden die Romantiker, die von Schokolade träumen und schon den Schokoladenkauf sinnlich erleben, beschrieben.

Genussmittel im weiteren Sinn

Alte Obst-, Gemüse- oder Getreidesorten werden beim Thema Genussmittel üblicherweise nicht aufgezählt. Dabei fördern gerade Raritäten, die per Definition etwas Außergewöhnliches sind, die Aufmerksamkeit, und diese ist wiederum ein zentrales Element des Genusses! **Sortenvielfalt** lässt sich außerdem mit Gartenarbeit bzw. mit Balkongärtnerei verbinden. Und Gartenarbeit entspannt, nicht nur subjektiv, sondern auch objektiv, indem sie Stresshormone senkt. Ein doppelter Genuss also!

Die Wiederentdeckung alter Sorten ist in Österreich dem Verein Arche Noah, manchen Gärtnereien, Landwirten sowie Köchen und Journalisten zu verdanken, national und international der Slow Food Bewegung. In der Schweiz bemüht sich die Stiftung ProSpecieRara, gefährdete Nutztierrassen und Kulturpflanzen zu erhalten, in Deutschland kümmert sich der Verein zur Erhaltung der Nutzpflanzenvielfalt um die Erhaltung alter Sorten. 2011 begann die UN-Dekade der Biodiversität, ein Programm zum weltweiten Schutz der Artenvielfalt. Ein guter Grund, um auch in diesem Kapitel bunte Kartoffelsorten, alte Getreide, alte und neue Gemüsesorten sowie Öle stellvertretend für alle Genussmittel im weiteren Sinne zu beschreiben!

21 Griese & Lippold, In: Genussbarometer Deutschland, 2004.

Die Präsentation der Sortenvielfalt eines Lebensmittels entspricht seiner Aufwertung zu etwas Besonderem. Vor allem pflanzliche Lebensmittel wurden aus ihrem langjährigen Schattendasein in ein neues Licht gerückt. Als Pescitarierin[22] weiß ich, von welchem Schatten ich spreche: In Restaurants hat man bei Fleischverzicht oft das Nachsehen, vor allem in ländlichen Regionen. Und was gibt es zu Weihnachten, wenn ein Familienmitglied partout kein Fleisch isst? Meist Fisch oder Käse, aber Gemüse ist nicht der Weihnachtsbraten. Dabei bedeutet Sortenvielfalt gerade bei pflanzlichen Produkten eine ungemeine optische **Vielfalt, Geschmacksnuancen, unterschiedliche Konsistenzen** und dementsprechend vielfältige Verarbeitungsmöglichkeiten. Tomate ist nicht gleich Tomate, Kartoffel nicht gleich Kartoffel, und selbst Traubenkernöl nicht gleich Traubenkernöl, man schmeckt die Traubensorte! Sortenvielfalt eignet sich zur Ausdifferenzierung des persönlichen Geschmacks, zur Besinnung auf kleine, aber feine Unterschiede und zu attraktiven Angeboten in der Gastronomie. Alte, neu entdeckte Sorten sind somit für alle Genießer ein breites „Betätigungsfeld“, wo es nach wie vor viel zu entdecken gibt. Dabei gilt die Genussregel der *Kleinen Schule des Genießens* „Genuss ist Geschmackssache, jedem das Seine“ – in diesem Sinn auch: jedem seine Sorte.

Dass nur wenige Tomatensorten im Supermarkt angeboten werden und dass Zuckerwurzel oder Knollenziest für die meisten Fremdbegriffe darstellen, ist unter anderem eine – logische – Folge der Industrialisierung der Landwirtschaft. Man beschränkte sich auf wirtschaftlich relevante, ertragreiche Sorten, die zudem für längere Vermarktungswege geeignet waren. Aus sensorischer Perspektive bedeutete dieser Fortschritt zwangsweise einen Rückschritt im Sinne der geschmacklichen Vielfalt. Alte Gemüsesorten bieten aber nicht nur Genuss, sie sind auch klimatisch angepasst und könnten somit in unseren Breitengraden in der kalten Jahreszeit zur Versorgung mit frischem, heimischem Gemüse beitragen. Idealismus und Klimaschutz alleine retten Arten langfristig nicht. Wer heute Raritäten quantitativ zum Verkauf anbaut, muss auch wirtschaftlich davon leben können.

Realistischerweise möchte ich aber festhalten, dass die Vielfalt, die es früher gab, für den Einzelnen kaum sichtbar war, da lokal wiederum nur wenige Sorten kursierten. Der **Transport** muss daher von zwei Seiten betrachtet werden: Transport ermöglicht einerseits eine größere Auswahl für jeden, aber beschränkt sich andererseits auf transportfähige Sorten, was die Aus-

22 Halbvegetarier, jemand der Fisch, aber kein Fleisch isst – in meinem Fall ganz einfach, weil mir Fleisch nie geschmeckt hat.

wahl letztlich wieder reduziert. Die größte Vielfalt ergibt sich somit aus der gleichzeitigen Verfügbarkeit aller heimischen Produkte, ergänzt durch qualitativ hochwertige Lebensmittel aus anderen Regionen. Ich würde nicht auf Olivenöl verzichten wollen, nur weil es kein österreichisches gibt. Olivenöl leidet auch nicht durch den Transport. Ins Binnenland Österreich muss auch Meeresfisch importiert, das heißt transportiert werden. Auf spanische Erdbeeren im Februar kann ich hingegen leicht verzichten – mit Qualität und Genuss haben diese ohnehin wenig zu tun.

Kartoffel / Erdäpfel / Grundbirne / Grumbeere

Der Ursprung der Kartoffel liegt in Südamerika, wo die wild wachsende Urkartoffel bereits 8.000 Jahre vor Christus verzehrt wurde. Mit der heutigen Kartoffel hatte die Wildpflanze wenig gemeinsam, weder geschmacklich noch optisch. Die Knollen waren nur haselnussgroß. Dass sie auch in 3.000 bis 4.000 m Seehöhe noch gut gediehen, war der Auslöser, warum Kartoffeln letztlich kultiviert wurden.

Im Jahr 2008 war Internationales Jahr der Kartoffel. Laut Ernährungspyramide[23] ist allerdings jedes Jahr Kartoffeljahr! Denn vier Portionen sollten wir täglich aus der Kategorie Getreideprodukte & Kartoffel verzehren, wobei

23 Die Ernährungspyramide ist eine lebensmittelbasierte Empfehlung, wie eine sinnvolle Ernährung zusammengesetzt ist. Ein stufenweiser Aufbau zeigt, welche Lebensmittelgruppen wie oft verzehrt werden sollen. Basis der aktuellen österr. Ernährungspyramide sind Getränke (6 Portionen täglich), gefolgt von Obst & Gemüse (5 Portionen täglich), Getreide & Kartoffel (4 am Tag), Milchprodukte (3 am Tag) usw.

eine Kartoffelportion 3–4 mittelgroßen Kartoffeln entspricht. In Europa sind die angebauten Mengen jedoch rückläufig, während sie in Asien im Anstieg begriffen sind.

Kartoffeln sind nicht nur vielseitig in der Küche verwendbar – sie sind auch **farblich und geschmacklich vielfältig!** In sämtlichen Gelbtönen, rosa und blauviolett präsentieren sich die unterschiedlichen Sorten. Manche haben eine rosa oder blaue Schale, aber ein gelbes Fruchtfleisch, andere sind auch innen rosa oder blauviolett. Die blau-violette Farbe der blauen Kartoffelsorten beruht auf Anthocyanen. Anthocyane sind Polyphenole, und Polyphenole haben vermutlich zahlreiche gesundheitsrelevante Wirkungen beim Menschen. Blaue Kartoffeln (oder auch lila Karotten, deren Farbe ebenfalls auf Anthocyanen beruht) daher nur auf ihre Farbe zu reduzieren, wäre schon alleine aus gesundheitlicher Sicht nicht richtig. Doch auch der Augenschmaus alleine, meine ich, wäre die bunte Vielfalt wert! Eine rosa Kartoffelsuppe sieht ebenso lecker aus wie ein Salat mit mehrfarbiger Kartoffelpracht. Die geschmackliche Vielfalt ist dann die Draufgabe.

Und wer Kartoffeln kocht, kann das mit allen Farben ...

Sorte	Kochtyp	Sensorik	Verwendung
Rosa Tannenzapfen	festkochend	länglich zapfen-förmig, rosa Schale, gelbes Fruchtfleisch, kräftig-würziger Geschmack	Salat, Beilage
Roseval	festkochend	rote Schale, gelbes Fruchtfleisch, cremig-buttriger Geschmack	Salat, Beilage
Red Duke of York	vorwiegend festkochend	rote Schale, hellgelbes Fruchtfleisch, cremig	Brat-/Backkartoffel
Rote Emma	vorwiegend festkochend	rote Schale, rotes Fruchtfleisch, würziger Geschmack	Salat, Beilage, Püree
Highland Burgundy Red	mehlig	rotes Fruchtfleisch	Beilage, Püree, Backkartoffel
Shetland Black	vorwiegend festkochend	schwarzviolette Schale, gelbes Fruchtfleisch mit lila Ring, cremiger Geschmack	Beilage, Gratins
Blaue Elise	festkochend	blaue Schale, blaues Fruchtfleisch, kräftig	Beilage

Sorte	Kochtyp	Sensorik	Verwendung
Trüffel/Vitelotte	festkochend	dunkelviolette Schale, dunkel-violettes Fruchtfleisch, erdig-nussiger Geschmack	Dekor, Chips, Kartoffelgröstel
Blue salad	vorwiegend festkochend	rund-oval, blaue Schale, blaues Fruchtfleisch	Salat, Beilage
Blauer Schwede	vorwiegend festkochend	rund-oval, blaue Schale, blaues Fruchtfleisch, kräftig	Beilage

Die Österreichische Sortenliste 2011 enthält 50 Kartoffelsorten, in Deutschland sind insgesamt ca. 150 Speisekartoffelsorten für einen Anbau zugelassen.

Sortenvielfalt bei Kartoffeln

Nachfragen und einfordern können Konsumenten aber nur, was sie einmal kennengelernt haben. Bei Kartoffeln hat dieser Prozess zumindest in Österreich stattgefunden. Selbst die Tourismussaison kann mit Kartoffeln verlängert werden, wie die niederösterreichische Erpfiregion Lainsitztal, die sich der Erhaltung alter Sorten angenommen hat, erfolgreich demonstriert.

Gelegentliche Exkursionen zu Lebensmittelproduzenten sind sinnvoll und schön. Jedes Wochenende als Scout bunter und alter Sorten hunderte Kilometer für die Lebensmittelbeschaffung herum zu fahren, erscheint mir jedoch übertrieben. Der steigenden Nachfrage auf Verbraucherseite folgt daher glücklicherweise ein langsam, aber stetig wachsendes besseres Angebot seitens des Handels. Slow Food Wien, Arche Noah und die Stadt Wien kooperieren mittlerweile sogar beim Kartoffelanbau.

Die **Gastronomie** bietet ebenso die Chance, **unbekannte Sorten** bekannt zu machen. Blaue Kartoffeln im Restaurant kostet mancher vielleicht eher, als sich einen Sack voll zu kaufen und zuhause zu kochen. Hat die blaue Kartoffel aber gemundet, ist der Weg in die Einkaufstasche in Folge nur ein kurzer. Die heimische Spitzengastronomie hat die Sortenvielfalt bei Kartoffeln längst entdeckt und würdigt diese entsprechend. Eine „Erdäpfel-Terrine mit Kerbelrahm und Tomaten-Koriander-Confit"[24] von Rupert Schnait, Küchenchef des Hotel Imperial in Wien, enthält etwa Roseval und Blue Salad Potatoes und ist optisch unheimlich attraktiv.

Die teuersten Kartoffeln, La Bonnotte, stammen von der französischen Atlantikinsel Noirmoutier. Sie werden als runde Minikartoffeln in der ersten Maiwoche händisch geerntet. Da die begrenzte Anbaufläche die Erntemenge auf natürlichem Weg entsprechend gering hält (100 Tonnen), ist der Preis dafür enorm.

Dass aber auch „gewöhnliche" gelbe Kartoffeln nicht gleich gelbe Kartoffeln sind, zeigt eine dänische Studie, im Zuge derer elf Kartoffelsorten, jeweils aus zwei Anbaujahren, sensorisch miteinander verglichen und beschrieben wurden. Die Kartoffelsorten wurden vor allem in Aussehen und Mundgefühl voneinander differenziert, unterschieden sich aber auch geschmacklich voneinander. Im gekochten Zustand wurde folgende **„Kartoffel-Ansprache"** gefunden:

Aussehen: gelbe Farbe, Reflexion, Verfärbungen

Mundgefühl: Kauaufwand, Härte beim Abbeißen, Elastizität, Mehligkeit, Cremigkeit, Feuchtigkeit, Klebrigkeit an Zähnen und Gaumen, Geschwindigkeit, mit der die Kartoffel verschwindet, adstringierend (zusammenziehend)

Geschmack: nach Kartoffel, süß, salzig, Butter, aufgewärmt, erdig, grün, bitter, Fehlergeschmack

Um eine detaillierte Beschreibung zu machen, muss man sich auf Produkte einlassen, sich konzentrieren. Kosten und Beschreiben ist anstrengend

24 Aus: „Das Erdäpfel-Kochbuch aus Österreich", Krenn Verlag, 2009.

und kann, wie bereits erwähnt, auch nicht Sinn und Zweck des täglichen Mittagessens sein. Den Geschmack wahrzunehmen, ist allerdings sehr wohl (mein) tägliches Ziel. Kartoffeln können mehr als nur fest oder mehlig sein. Die ultimativen Genüsse liegen – wie auch in Kapitel 4 bei den Interviews mit Eva Rossmann, Rainer Lutz oder Ute Woltron ersichtlich – für viele in der Einfachheit!

Getreide

Genuss ist alltäglich – und Brot und Getreide können dazu täglich beitragen. Als Grundnahrungsmittel sind Brot und Getreide resistent gegenüber dem „Sich-Abessen". Wir können täglich Brot essen, jahrzehntelang, und mögen es immer noch. Selbst innerhalb eines Tages ist mehrmals Brot für viele üblich und attraktiv. **Grundnahrungsmittel** nehmen diesbezüglich eine Ausnahmestellung ein: Während wir bei den meisten Lebensmitteln unmittelbar nach deren Verzehr eine temporäre Ablehnung gegen den Geschmack entwickeln, trifft dies auf Brot nicht zu. Das heißt, Grundnahrungsmittel erzeugen keine **spezifisch sensorische Sättigung**.

„Der Geruch des Brotes ist der Duft aller Düfte. Es ist der Urduft unseres irdischen Lebens, der Duft der Harmonie, des Friedens und der Heimat."[25]

Der Duft der Heimat hängt unbestreitbar mit dem Brotduft zusammen, sind doch große Unterschiede zwischen den Ländern im Brotsektor vorhanden. Wenngleich die **Brotlandschaft** im deutschsprachigen Raum auf den ersten Blick sehr vielfältig erscheint, so sind aufgrund der Backeigenschaften der Getreide dennoch wenige Getreidesorten Basis der meisten Brote. Der Verbrauch an Weizen als Brotgetreide stieg in Österreich in den letzten Jahren sogar an, jener von Roggen blieb hingegen konstant.

Nicht explizit in Verbrauchsstatistiken ausgewiesen werden allerdings alte Getreidesorten, die Vorläufer von Weizen und Roggen. Alte Getreide wie Einkorn und Emmer sind anspruchsloser hinsichtlich Boden und Klima, weniger krankheitsanfällig als neue Sorten, liefern aber deutlich geringere Erträge. Nur manche alten Sorten können zum Backen verwendet werden und haben interessante sensorische Charakteristika, die auch von Gourmets mittlerweile entdeckt wurden.

25 Jaroslav Seifert, tschechischer Literatur-Nobelpreisträger, 1901–1986

Einkorn, ein Weichweizen mit hohem Eiweißgehalt, ist eine der ältesten Getreidesorten überhaupt. Das Mehl hat aufgrund seines hohen β-Carotin-Gehaltes eine gelbliche Farbe. Einkorn ist gut für Kekse, Kuchen, Brot und Nudeln geeignet und hat einen nussigen Geschmack. Vollkornkuchen aus Rührteig, mit Einkornmehl hergestellt, wird wunderschön flauschig! Einkornreis kann wie Reis verwendet werden, klebt allerdings nicht wie Risottoreis. Einkorn ist ein Klassiker der vergessenen Sorten, denn er war bereits im Mittelalter kaum mehr bekannt. Bio-sei-Dank kam es in den letzten 20 Jahren diesbezüglich zu einer Wende.

Einkorn – Mehl und Körner mit gelblicher Farbe

Zweikorn (Emmer) ist ebenso eine ursprüngliche Form von Weizen, er entstand aus der Einkreuzung von Einkorn mit einer anderen Art. Er ist eiweiß- und mineralstoffreich, gut geeignet für die Nudelherstellung, jedoch nicht für Brot, da er einen geringen Kleberanteil hat. Will man Brot aus Emmer backen, ist eine Mischung aus Emmer und Dinkel empfehlenswert. Emmer schmeckt mild-herb. In prähistorischen Zeiten war er in Bergregionen heimisch.

Kamut® *(Triticum turgidum ssp.turanicum)* ist keine Bezeichnung einer Getreidesorte, sondern eine eingetragene Marke. Er hat einen hohen Eiweiß- und Selengehalt und eignet sich gut zum Backen. Kamutbrot gibt es mittlerweile in mehreren Bäckereien. Sensorisch ist Kamut durch deutlich größere Körner und einen milden, süßlichen und nussigen Geschmack geprägt.

Grünkern: Ursprünglich aus einer Notwendigkeit entstanden, zwischenzeitlich verloren und in den 1970er Jahren wiederbelebt, ist der *Grünkern*, der allerdings durch das Darren[26] kein Backgetreide mehr ist. Seine Entstehung ist einer kühlen Klimaperiode, der Kleinen Eiszeit[27] zu verdanken. Zu Beginn der kleinen Eiszeit wurde der spätreifende Dinkel nicht mehr rechtzeitig reif. Er wurde in Folge unreif geerntet und geröstet. Diese Verarbeitungsform setzte sich aber nicht durch, da Holz gespart werden musste. Erst in den 1970er Jahren wurde Grünkern wieder entdeckt und hielt vor allem in der Vollwertkost Einzug.

Waldstaudenkorn oder Johannisroggen ist als Urform des Roggens bereits 7.000 Jahre alt, ist zum Backen von Brot geeignet und schmeckt würzig.

Laut Epikur bereiten Brot und Wasser „die höchste Lust, wenn man sie aus Hunger zu sich nimmt.“[28] Brot mit entsprechender Qualität ist aber nicht nur ein gutes Mittel gegen Hunger, sondern auch ein Mittel zum Genuss!

„Alte" und vergessene Gemüsesorten

Tomaten, Paprika, Kürbis, Spinat und Bohnen kamen im 16. Jahrhundert nach Europa, Brokkoli wurde gar erst im 20. Jahrhundert kultiviert. Davor gab es Gemüse, die heute nur mehr – oder besser gesagt wieder – als Raritäten gehandelt werden und daher vielen unbekannt sind. Manche dieser Genüsse gab es schon in der Jungsteinzeit.

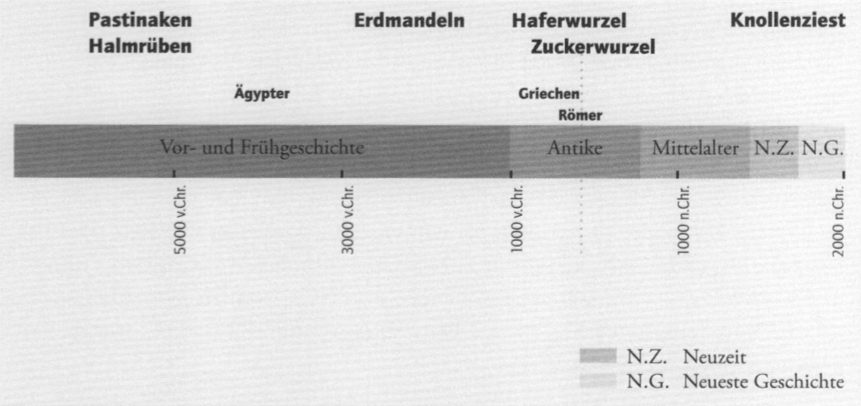

26 Trocknen im Ofen, traditionell über Buchenholzfeuer, bis auf einen Restfeuchtigkeitsgehalt von 13 %.
27 Anfang des 15. bis in das 19. Jahrhundert hinein
28 BM 127–132, In: Epikur Philosophie des Glücks. Zimmermann B. 2006, S. 30

Manch einer mag darüber lächeln, dass Pastinaken, Erdmandeln & Co plötzlich schick geworden sind. Ich sehe das anders. Wenn „Moden" letztlich dazu beitragen, die Sortenvielfalt zu erhalten oder auszubauen, dann bitte ich um zahlreiche weitere Modeschauen (inklusive Verkosten, nicht auf Schauen beschränkt)!

Alte Blattgemüse wie die Gartenmelde sind wegen ihrer schlechten Lagerfähigkeit primär eine Sache für Hobbygärtner oder für Gastronomen, die täglich frisch beliefert werden.[29] Alte Wurzel- und Knollengemüse sind hingegen leichter erhältlich, auf manchen Märkten, in Gärtnereien oder Reformläden. Ich beschreibe aufgrund der besseren Erhältlichkeit an dieser Stelle ausschließlich Wurzeln und Knollen und gebe Ihnen Verwendungsanregungen für diese erhältlichen Genüsse.

Pastinaken

Diese weißen Rüben sind die Basis für einen in der Bretagne hergestellten Sirup für Getränke. In England gehören *honey roasted parsnips*, mit Honig glasierte und im Rohr gebackene Pastinaken, nach wie vor als Standardbeilage zum Sonntagsbraten. Ich habe zwei Jahre in England gelebt und Pastinaken gerne gegessen. Mein Lebensgefährte empfand sie allerdings als Zumutung, der man beim Pub-Lunch kaum entkommen konnte (Gott sei Dank sind unsere kulinarischen Vorlieben abseits der Pastinake ähnlich!). Der Stellenwert der Pastinake ist in England im 21. Jahrhundert höher als im deutschsprachigen Raum, obwohl die Pastinake auch Germanenwurzel heißt. Dieser Name ist historisch begründet, denn älteste Funde, dass Pastinaken als Lebensmittel verwendet wurden, stammen aus der Jungsteinzeit, wo Pastinaken in Süddeutschland und der Schweiz verzehrt wurden. Im 18. Jahrhundert wurden sie jedoch sukzessive von Karotten und Kartoffeln verdrängt.
Die Pastinake ähnelt optisch der Petersilienwurzel, hat aber im Unterschied zu letzterer deutliche Querrillen. Sie eignet sich gekocht als Gemüse oder für Suppen und galt einst als Heilmittel bei Bauchschmerzen. Die Blätter können wie Petersilie zum Würzen verwendet werden, sie haben jedoch einen sehr hohen Gehalt an ätherischen Ölen. Handschuhe sind bei empfindlichen Personen empfehlenswert!

Manche Pastinakensorten lassen sich sogar am Balkon in Töpfen kultivieren, etwa die Sorte Arrow, die schlanker ist und somit weniger Platz beansprucht.

29 Sie eignen sich aber kaum für den Lebensmittel-Einzelhandel.

Karotte, gelbe Rübe, Pastinake, Petersilienwurzel

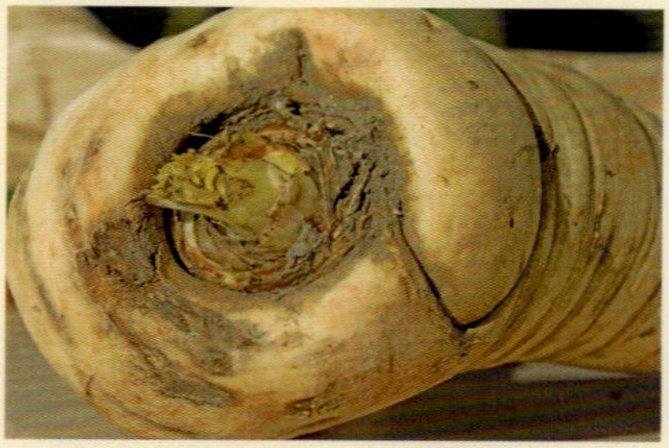

Die Pastinake hat deutliche Querrillen.

Herbstrübe/Mairübe/Halmrübe/Stoppelrübe/Ruabsam

Als Verwandte des Kohls können Halmrüben wie Sauerkraut als Rübenkraut eingesäuert werden, oder aber als Rübengemüsebeilage gegessen werden. Sie schmecken wie eine Mischung aus Rettich und Kren.[30] Mairüben, die Frühjahrskultur, die in Frankreich als *navets* bekannt sind, werden als Salat, Mairübenblätter als Spinat verzehrt. Der Vorteil von Mairüben ist die unkomplizierte küchentechnische Verarbeitung etwa zu Suppen oder Gemüsecurries mit Kokosmilch.

Wie Pastinaken wurden auch Halmrüben bereits prähistorisch angebaut, hatten aber auch später bei den Römern noch einen wichtigen Stellenwert. Historisch jung ist die Verwendung der gebleichten Triebe, der Ruabkeime, die im Winter gedünstet oder als Salat gegessen wurden. In der Neuzeit, im 19. Jahrhundert, gab es in der Schweiz eine bekannte Herbstmahlzeit aus Herbstrüben, die Räbepappe. In Österreich wurden Herbstrüben bis in die Nachkriegszeit in ländlichen Gegenden als Gemüse verzehrt. In Tirol gibt es nach wie vor eine flüssige Rübenspezialität – den Krautinger Schnaps. Seine Herstellung wurde Mitte des 18. Jahrhunderts von Kaiserin Maria Theresia

30 Meerrettich

Mairübe frisch

Mairübe beim Verkochen

Mairüben-Kokos-Suppe

ausschließlich den Bauern der Tiroler Wildschönau erlaubt. Auch heute darf der Krautinger nur in der Wildschönau gebrannt werden. Halmrüben haben somit den Spagat von der Vorgeschichte bis in die Neuzeit geschafft. In Schnapsform zählen die Rüben nicht nur zu den Genussmitteln im weiteren, sondern sogar im engeren Sinn!

Erdmandeln

Ich habe sie als Vertreter alter Sorten in den Untertitel dieses Buches gestellt. Erdmandeln stellen für mich eine geschmackliche Bereicherung dar! Sie stammen ursprünglich vermutlich aus Ostafrika und werden heute in verschiedenen Erdteilen angebaut. Die ältesten Funde datieren auf 2000 vor Christus, Erdmandeln wurden sogar als Grabbeigaben in ägyptischen

Gräbern gefunden. Im achten Jahrhundert dürften sie von den Arabern nach Europa gebracht und vor allem in Spanien verbreitet worden sein. Dort befindet sich auch heute noch das größte europäische Erdmandel-Anbaugebiet in der Region um Valencia. In Spanien wird ein Erfrischungsgetränk namens Horchata aus Erdmandeln erzeugt, dafür werden ca. 10.000 Tonnen Erdmandeln jährlich verarbeitet. Eine beachtliche Menge, wenn man bedenkt, dass eine Erdmandel einen Durchmesser von 5–9 mm und eine Länge von etwa 12 mm hat und weniger als ein Gramm wiegt.

Botanisch zählen Erdmandeln zu den Sauergräsern und sind nicht mit Mandeln oder Nüssen verwandt. Die Pflanze bildet unter üppigem Gras essbare Sprossknöllchen aus. Die händische „Ernte" von Erdmandeln ist vergleichsweise mühsam. In Spanien gibt es dafür eigene Erntemaschinen, die sich aufgrund der dort großen Verarbeitungsmengen auch lohnen. In Österreich werden Erdmandeln derzeit nur bei wenigen Betrieben angebaut – sie gedeihen auch hier. Erdmandeln können sowohl im Freiland als auch in Töpfen angebaut werden. Beim Freilandanbau ist aber darauf zu achten, dass keine Verschleppung stattfindet. Erdmandeln, die unkontrolliert verbreitet werden, können einigen Quellen zufolge in anderen Feldern Pflanzenarten verdrängen oder deren Ernte massiv erschweren. Erdmandeln sind frostempfindlich und sterben im Winter bei uns ab. In Regionen mit milden Wintern können Erdmandeln bei ungewollter Verbreitung allerdings ein Problemunkraut werden.

In Deutschland wurden Erdmandeln im Zuge einer Kartierungsarbeit im Jahre 2004 im Biosphärenreservat Flusslandschaft Mittlere *Elbe* entdeckt. Es war dies der erste Freilandnachweis in Sachsen-Anhalt. Wie die Erdmandel dorthin kam, könnte auf Kultivierungsversuche in der ehemaligen DDR zurückgehen.

Zurück zum Genuss! Ganze Erdmandeln schmecken nussartig, nach Mandeln und Kokos, und können roh als Knabberei verzehrt werden, über Salate gestreut, kurz angebraten oder in gekochten Gerichten verwendet werden. Geröstet sind sie auch als Kaffee-Ersatz verwendbar (wobei ich mich persönlich beim Thema Kaffee-Ersatz gerne zurückhalte und lieber richtigen Kaffee trinke – das ist aber eine Frage des individuellen Geschmacks und – in Notzeiten – auch eine Frage der Verfügbarkeit). Erdmandelkaffee war im Südtiroler Vinschgau ein übliches Kaffee-Surrogat, seine Verwendung aber auch in der Steiermark und in Nürnberg dokumentiert. Als Nascherei waren sie auch bei Kindern beliebt. Heute wird ein Weichkäse aus Kuhmilch namens *Esculentus* in der Lombardei mit Erdmandel-„Kaffee" veredelt.

Erdmandel-Pflanze

Erdmandeln

Erdmandelprodukte

Erdmandel-Pancakes mit Heidelbeeren

Wie im Olivenöl ist auch im Erdmandelöl die einfach ungesättigte Ölsäure die dominante Fettsäure. Daneben sind auch die gesättigte Palmitinsäure und die mehrfach ungesättigte Linolsäure enthalten. Das Öl ist aufgrund seiner Zusammensetzung wie Olivenöl nicht schnell ranzig. Parfumeure, Flavouristen und trainierte Aromachemiker beschrieben den Geruch von spanischem Erdmandelöl als nussig, fettig, süßlich, geröstet, nach Mandeln, den Geschmack als süß, nussig und geröstet. Diese Beschreibungen passen auch zu chemisch gemessenen Aromastoffen des Erdmandelöls, in dem unter anderem Essigsäure, Hexanal (duftet grasig), diverse Röstaromastoffe und

Benzaldehyd (duftet mandelartig) als geruchsaktive Substanzen identifiziert wurden.
Getrocknete Erdmandeln sind lange haltbar, bis zu 2 Jahren. Sie sind dann etwas fester, das Aroma konzentriert sich aber. Aus Erdmandeln können auch Flocken oder Mehl hergestellt werden. In Form von Öl, Mus, Flocken, aber auch in Keksen und Schokolade sind Erdmandeln mittlerweile in ausgewählten Bio- und Reformhäusern erhältlich. Erdmandelflocken sehen eher wie gemahlene Nüsse denn wie Flocken aus. Ich habe aus Buchweizenmehl und Erdmandelflocken Heidelbeer-Pancakes gemacht – ein leckeres und sättigendes Sonntagsfrühstück![31]

In der Karottentorte können Erdmandelflocken einen Teil der gemahlenen Nüsse ersetzen. Da der hohe Ballaststoffgehalt der Erdmandeln – der Grund, warum sie angeblich schon bei den alten Ägyptern gegen Verdauungsbeschwerden im Einsatz waren – einen größeren Kauwiderstand bedingt, sollte aber nur ein Teil der Nüsse damit ersetzt werden. Die Torte erhält durch Erdmandeln einen ausgeprägten Kokosgeschmack. Erdmandeln sind auch eine attraktive Alternative, im Weihnachtsgebäck. Eine Sensorik-Studie wurde in Nigeria gemacht. Sie zeigte, dass das Verhältnis von Erdmandel zu Weizenmehl in Kuchen mit 30:70 vor Ort auf hohe Akzeptanz stößt und gute Aroma- und Textureigenschaften aufweist.

Ähnlich wie Kürbiskernöl zu Vanilleeis passt, kann auch etwas Erdmandelöl stattdessen verwendet werden. Erdmandelöl passt aber auch wunderbar zu Salatmarinaden und Nudelgerichten.

Haferwurzel

Auch bei dieser weißen Wurzel handelt es sich um eine kulinarische Antiquität, denn auch Haferwurzeln waren schon bei den Griechen und Römern bekannt. Im Mittelalter kamen sie wieder aus der Mode. Essbar ist bei der Haferwurzel quasi alles: die jungen Blätter (1. + 2. Jahr) sind gedünstet und als Salat, die violetten Blüten als Salatdekoration verwendbar. Die Wurzeln eignen sich als Gemüse und für Suppen. Haferwurzeln schmecken nussig und herb, ihr Geschmack wird sogar mit Austern verglichen.[32] Der in Haferwurzeln enthaltene Milchsaft kann die Haut färben, das lässt sich aber mit Essigwasser entfernen.

31 Das Rezept können Sie von meiner Website www.evaderndorfer.at herunterladen!
32 Arche Noah: Gemüse Incognito 2002.

Zuckerwurzel

Vermutlich kam die Zuckerwurzel von Russland nach Europa. Sie war bereits bei den Römern bekannt, im Mittelalter breitete sie sich in Europa aus und war in Südwestdeutschland und Frankreich besonders beliebt. Im berühmten „Ein new Kochbuch“ von Marx Rumpold aus dem Jahr 1582 ist unter anderem ein Rezept für einen Zucker Wurtzel Salat enthalten. In England wurden für die Adeligen in der Renaissance Kuchen aus Zuckerwurzeln gebacken. Die Wurzeln können also roh, gekocht und gebacken gegessen werden, außerdem für Branntwein, wiederum als Kaffee-Ersatz sowie für Desserts eingesetzt werden. Wie der Name sagt, enthalten Zuckerwurzeln Zucker (Saccharose), und zwar immerhin 4–8 %. Zum Vergleich: Neue Sorten von Zuckerrüben enthalten 18–20 % Zucker.

Zuckerwurzeln, noch vor dem idealen Erntezeitpunkt

Die Zuckerwurzel-Ernte beginnt im Oktober. Zuckerwurzeln sind somit genau in jenen Monaten verfügbar, wo die kulinarische Bandbreite klassischer heimischer Gemüse eher schmal ist. Werden sie zu früh geerntet, sind sie noch nicht sehr süß, denn der Zucker wird auch dann noch eingelagert, wenn oberirdische Pflanzenteile bereits absterben. Als anspruchslose Pflanze, die an unser Klima ideal angepasst ist, können Hausgartenbesitzer eine Renaissance der Zuckerwurzel herbeiführen. Das Putzen der Zuckerwurzel ist zwar mühsam, der Geschmack aber lohnend.

Knollenziest

Unterschiedliche Assoziationen sind beim Anblick des Knollenziest möglich: Jadeperlen, Michelin-Männchen, ein Rosenkranz, Raupen. Als ich am Wiener Naschmarkt Knollenziest kaufte, meinte ein Mann hinter mir: „Das sieht ja aus, als ob es lebt.“ Der Fantasie sind beim Assoziieren keine Grenzen gesteckt.

Knollenziest

Die Fantasiegrenzen mögen aber beim Kochen kommen. Was macht man mit dem auch als japanische Kartoffel, Japanknolle oder Japanziest bekannten Knollenziest? Sehr vieles! Er kann gekocht, angebraten oder roh als Salat verwendet werden. Geschmacklich wird er oft als ähnlich wie Schwarzwurzeln oder Artischocken beschrieben – diese Beschreibung ist eine grobe Annäherung. Mich erinnert er auch ganz leicht an Mungobohnen-Sprossen. Für Wokgerichte eignet er sich meiner Meinung nach perfekt. Geschält muss er nicht werden. Da das Putzen aber ein enormer Aufwand ist, wird Knollenziest wohl immer den Status des Besonderen haben, den man nur in kleinen Mengen isst. Damit passt er auch hervorragend in das Konzept der gehobenen Gastronomie, wo beim mehrgängigen Menü ein paar Knollen pro Gast genügen.

Knollenziest treibt zwar im März aus, die Knollenbildung kann aber erst bei niedrigen Temperaturen erfolgen – so kann er meist erst ab November geerntet werden. Der beste Zeitpunkt ist nach den ersten Nachtfrösten. Das bedeutet aber auch, dass auch der Knollenziest eines jener Gemüse ist, die im Winter auch in unseren Breitenraden frisch geerntet werden können. Geringer Ertrag und aufwendige Ernte sind allerdings Kennzeichnen dieses Gemüses. Einmal geerntet, wird er schnell braun, er muss daher sehr frisch verwertet werden.

Knollenziest stammt vermutlich aus China und Japan, daher auch sein Zweitname, und gelangte erst im 19. Jahrhundert nach Europa. Für die europäische Geschichte ist er somit ein Jüngling, für uns dennoch bereits in Vergessenheit geraten. Größere Mengen werden heute noch in Frankreich angebaut.

„Neue" Gemüse in unbekannter Vielfalt

Tomaten/Paradeiser/Paradiesapfel

Ihr Stellenwert lässt sich aus der Namensgebung ableiten: *Paradeiser* (Österreich) kommt von Paradiesapfel, *Pomodore* (Italien) bedeutet Goldapfel.

Die europäische **Geschichte der Tomate** ist aber eine vergleichsweise junge. Ursprünglich aus den peruanischen Anden, breitete sich die Tomate vorerst nach Mexiko aus und kam im 16. Jahrhundert nach Europa. In der französischen Küche wird sie seit dem 16. Jahrhundert, in der italienischen seit dem 18. Jahrhundert verwendet, jedoch kam sie erst Ende des 19. Jahrhundert in den deutschsprachigen Raum. Heute sind Tomaten in Österreich und Deutschland mit Abstand das beliebteste Gemüse, der pro-Kopf Verbrauch lag in Österreich 2006/07 bei 23,8 kg. Ein Grund, warum Tomaten so beliebt sind, wird im **umami**-Geschmack vermutet. Dieser tritt jedoch erst im vollen Reifestadium ein. Umami ist, wie bereits auf S. 16 beschrieben, neben süß, sauer, salzig und bitter die fünfte Grundgeschmacksrichtung. Umami-Geschmack kommt vor allem in eiweißreichen Produkten vor. Es ist der Geschmack von Glutamat und Aspartat, das sind die Salze der beiden Aminosäuren (Eiweißbestandteile) Glutaminsäure und Asparaginsäure, sowie von manchen Ribonukleotiden (Bestandteilen der RNA). Nun sind Tomaten zwar keine bombastische Eiweißquelle, sehr reife Tomaten und getrocknete Tomaten enthalten jedoch freies, d. h. schmeckbares Glutamat.

Green Zebra Tomate

Gelbe Dattelweintomate

Gelbe Johannisbeertomate im Größenvergleich mit anderen Tomatensorten

Tomate ist bekanntlich nicht gleich Tomate, es gibt große Sortenunterschiede hinsichtlich Farbe, Form, Größe, und im Geschmack. Manche Sorten sind nicht robust, platzen auf, wenn sie ganz reif sind, und können daher im Lebensmitteleinzelhandel entweder gar nicht oder nicht am Höhepunkt der Reife angeboten werden. Im optimalen Reifezustand bekommt man sie nur direkt vom Strauch. Tafelreif geerntete Tomaten weisen die höchsten Konzentrationen an blumigen und fruchtigen Aromen auf. Im Zuge der Lagerung nimmt das Tomatenaroma ab. Wer einen Garten, Balkon oder eine

Loggia besitzt, kann die Bandbreite der Tomatensorten und -Raritäten am besten durch Eigenanbau ausreizen. Im Burgenland legt Erich Stekovics[33] Tomatenraritäten ein – ein haltbarer Genuss auch im Winter, und für alle Nichtgärtner eine gute Option, die Tomatenvielfalt zu genießen.

Gelbe Dattelweintomate: Manche Sortenraritäten sind aufgrund ihrer Farbe, Form und Größe für Kinder attraktiv. Eine solche Sortenrarität ist die *Gelbe Dattelweintomate*: diese kleine, birnenförmige Tomate sieht nett aus, schmeckt sehr gut, und man erntet für eine Sortenrarität vergleichsweise viel.

Johannisbeertomate: Die Johannisbeertomate ist, wie der Name verrät, ganz klein, nur etwas größer als Johannisbeeren, und orangefarben. Die Größe macht sie für Kinder attraktiv! Auch Kinder von Freunden, die angeblich kein Gemüse mögen, haben sie bei mir schon quantitativ abgepflückt und gegessen. Die Tomatenpflanze ist bei dieser Sorte eher krautig und optisch weniger ansprechend. Trotz zahlreicher Früchte ist die Ausbeute in Gewicht gemessen natürlich gering. Die Frucht ist aber auch für das erwachsene Auge ein Genuss, etwa als Farbtupfer im Salat. Im Geschmack sind sie relativ süß.

Green Zebra Tomaten zählen zu meinen persönlichen Balkonhits. Am besten schmecken sie, wenn sie nicht mehr ganz grün sind, sondern bereits einen hellorangen Unterton unter den grünen Streifen bekommen. In diesem Reifezustand platzen die Früchte fast und sind daher nicht mehr transportier- oder lagerfähig.

German Gold: Die German Gold ist eine Riesentomate – ein Stück kann durchaus ein halbes Kilo wiegen – sie ist dennoch aromatisch.

Genuss braucht Zeit und Aufmerksamkeit. Widmen wir uns nun dem Geruch und Geschmack von Tomaten:

Geruch: Tomaten können nach grüner oder nach überreifer Tomate riechen

Geschmack: süß, sauer, bitter, umami, nach Tomate, fruchtig, überreif, grün oder erdig-muffig

Konsistenz: fest, saftig, mehlig oder faserig, Tomaten können harte Samen enthalten, die Schale kann dick oder dünn, und das Fruchtfleisch adstringierend sein

---

33 www.stekovics.at

Ein ausführlicheres Vokabular zur Beschreibung von Tomaten finden Sie in Kapitel 5!

Gurkenraritäten

Armenische Gurke oder Melonengurke, Scheibengurke, Schwammgurke, Bittergurke, Chayote, Schlangengurke, Wachsgurke … auch die Liste der Gurkenspezialitäten ließe sich noch länger fortführen. Zum Teil sind dies exotische Gurken, einige lassen sich auch in Österreich, Deutschland und der Schweiz anbauen, etwa *Kiwano* oder *Melothria Minigurken*. Letztere wachsen auch in Töpfen.

Kiwano

Melothria

Kiwano: Die Kiwano wird auch Horngurke, Stachelmelone, Hornmelone oder Afrikanische Igelgurke genannt. Sie wird geerntet, wenn die Früchte noch grün bis grün-orange sind. Grün geerntete Kiwanos sind kühl mehrere Monate lagerfähig. Genussreif sind Kiwanos erst, wenn sich die Schale orange verfärbt hat. Kiwanos können wie Kiwis gelöffelt werden, sowie für Fruchtsalate, Desserts, Cocktails, Salate oder als Dekoration verwendet werden. Ich finde Sie schöner als sie schmecken, aber wie gesagt: Genuss ist individuell …

Melothria Minigurken mag ich hingegen wahnsinnig gerne! Sie eignen sich roh zum Knabbern, für Salate, eingelegt wie Essiggurken und als Dekoration. Sie schmecken im frischen Zustand säuerlich, sind knackig und bei 10–12 °C sind diese Minigürkchen in Stachelbeergröße immerhin 3–4 Wochen lagerfähig! Auch für Kinder stellen sie eine optisch ansprechende, handliche Form von Gemüse dar. Als Balkonpflanze hat sie mich mit der Erntemenge durchaus überrascht und beim Wachsen kann man der Kletterpflanze regelrecht zusehen.

Dass die deutsche Sprache vor allem im Lebensmittelsektor immer wieder auf Unverständlichkeit zwischen den Nachbarländern Österreich, Deutschland und Schweiz stößt, ist bestens bekannt. Doch auch innerhalb eines Landes – in Österreich von Ost nach West – gibt es zahlreiche Begriffsunterschiede (Kartoffel versus Erdäpfel, Tomaten versus Paradeiser). Gurken sind ein weiteres Beispiel dafür, wie sich regionsspezifische Ausdrücke durchsetzen. So werden Gurken in Niederösterreich und dem Burgenland auch *Umurken* genannt. Ich als gebürtige Oberösterreicherin und Wahlwienerin seit vielen Jahren habe davon erst vor einem Jahr erfahren.

Chilis

Urban Gardening, Gärtnern in der Stadt, liegt im Trend. Und Chilis zählen definitiv zu jenen Pflanzen, die auch auf kleinen Balkons platzsparend gedeihen! Es gibt etwa 100 verschiedene Chili-Sorten, die fünf botanischen Arten zugeteilt werden:

Capsicum annuum: Dazu gehören beispielsweise die Sortenraritäten *Peperoni Elefant, Pfefferoni Sarit gat, Chili Capela, Chili Laterna de foc*, sowie *Jalapeños.*

Capsicum frutescens: In diese Gruppe fallen *Chili Gelbe Kirschen*, weiters *Chili Kusburnu*, die man im Handel oft als Chili-Sträußchen kaufen kann, *Tabasco* und kleine rundliche *Vogelaugenchilis.*

Capsicum pubescens: Vertreter sind *Rocoto* und *Manzano* sowie *rote und gelbe Baumchili.*

Capsicum chinense: Dazu zählen alle Habañero-Sorten wie *Habañero Golden, Habañero Orange, Habañero Red,* oder die optisch ansprechende *Habañero Chocolate* mit schokoladebraunen, paprikaförmigen Chilischoten. Auch die scharfe *Red Savina* ist eine Habañero-Sorte. Die sehr scharfe indische *Bhut Jolokia* ist ebenso eine *Capsicum chinense*-Art wie die britische *Naga Viper*, die seit April 2011 als schärfste Chili im Guinness Buch der Rekorde geführt wird.

Capsicum baccatum: *Glockenchili* und *Lemon drop* sind bekannte Vertreter dieser Art.

Trinidad Scorpion Butch T Pepper: Eine ganz neue australische Chilisorte ist die *Trinidad Scorpion Butch T Pepper*, die morphologisch der Art *Capsicum chinense* ähnlich ist, genetisch aber noch nicht bestimmt wurde. Sie übertrifft in ihrer Schärfe laut Hersteller sogar die *Napa Viper*. Ein Eintrag im Guinness Buch der Rekorde steht aber zum Zeitpunkt des Verfassens dieses Buches noch aus.

Schärfe ist zwar zweifelsohne das Hauptmerkmal von Chili, und die Sorten unterscheiden sich sehr drastisch in der Schärfe. Sie darauf zu reduzieren, würde ihnen aber nicht gerecht werden. Chilis sind bunt, haben viele Formen und Größen und unterscheiden sich im **Aroma**. Sie können fruchtig und blumig sein *(Capsicum chinense)*, nussig und paprikaartig *(Capsicum baccatum)*, oder Nuss-, Paprika- und Gurkenaromen aufweisen *(Capsicum pubescens)*.

Die **Schärfe** von Chili ist übrigens kein Geschmackseindruck, sondern physiologisch betrachtet ein Schmerzempfinden. Wärme- und Schmerzrezeptoren werden beim Genuss von Chili stimuliert. Verantwortlich für die Schärfe

Pfefferoni Elefant (Capsicum annuum)

Chili Kusburnu (Capsicum frutescens)

sind vor allem die Scharfstoffe Capsaicin und Dihydrocapsaicin. Die Schärfe von Chili kann nicht mit einem Schluck Wasser neutralisiert werden, hingegen sind Honig oder Zucker zur Entschärfung von Chili wirksam. Auch Butter hat sich als schlechtes Mittel erwiesen, während Milch und Joghurt vermutlich durch das Milcheiweiß Kasein gut geeignet sind, die Schärfe zu reduzieren.

Schärfe durch Verkosten zu quantifizieren ist eine äußerst schwierige Sache und nur bedingt reproduzierbar. Der Chemiker *Wilbur Lincoln Scoville* entwickelte 1912 einen Verkostungstest zur Bestimmung des Schärfegrades von scharfen Paprika-Früchten. Bei dieser ursprünglichen Messvariante wurde eine exakt definierte Menge vermahlener Chili-Frucht mit Alkohol (Ethanol) übergossen. Man ließ das Gemisch über Nacht stehen und verdünnte das Filtrat davon solange, bis keine Schärfe mehr auf der Zunge spürbar war. Mindestens sechs Tester mussten kosten. Herrn Scoville zu Ehren wird die Schärfe von Chilis auch heute noch in Scoville Schärfeeinheiten, den **Scoville Heat Units (SHU)**, angegeben, obwohl chemische Analysemethoden mit anschließender Umrechnung in das Scoville-Bezugssystem die Verkostung längst abgelöst haben. Chemisch wird die Menge der Scharfstoffe Capsaicin und Dihydrocapsaicin analysiert, während die sensorische Analyse einer Messung der empfundenen Schärfe entsprach.

Schärfe ist ein Eindruck, den manche schlimm finden und andere lieben. Wir nehmen ihn auch nicht alle gleich intensiv wahr! Sogenannte Superschmecker, etwa 25 % der Bevölkerung, sind genetisch bedingt empfind-

Habañero Chocolate (Capsicum chinense)

licher für Scharfes, die Gewohnheit relativiert dies aber wieder zu einem gewissen Grad. Es gibt eine Art Langzeit-Gewöhnung, eine Habituation an Schärfe, wenn man regelmäßig scharf isst. Dann nimmt man Schärfe auch weniger ausgeprägt wahr. Die unterschiedliche Wahrnehmung bedeutet aber auch, dass manche bereits geringe SHU-Werte als sehr scharf empfinden, andere erst hohe. Relativ betrachtet sollte die Empfindung aber stimmen – hohe SHU-Werte sollten von allen schärfer empfunden werden als niedrige SHU-Werte.

Dass Früchte, die zur selben Zeit von derselben Pflanze geerntet wurden, deutliche Schärfe-Unterschiede aufweisen, relativiert Scoville-Einheiten zusätzlich. Scoville-Einheiten können daher nur als Richtwert dienen. Zur Ihrer persönlichen Orientierung für den Kauf von Chilifrüchten oder für den Eigenanbau: am mildesten sind Peperoni (100–500 SHU), und auch Jalapeños (2.500–8.000 SHU) sind relativ harmlos. Deutlich schärfer sind Habañero-Chillis (100.000–350.000 SHU). Sehr, sehr scharf ist mit ca. 1 Million SHU die indische *Bhut Jolokia*. Die im April 2011 im Guinness Buch der Rekorde führende *Naga Viper* kommt auf 1,38 Millionen SHU, und die neue australische *Trinidad Scorpion Butch T Pepper* hat laut Hersteller 1,46 Millionen SHU.

Öle

Meine Kindheitserinnerungen zum Thema Öl heißen Sonnenblumenöl, Maiskeimöl und Olivenöl. Kürbiskernöl habe ich erst während meiner Studienzeit in Wien kennengelernt – doch seither hat sich viel getan, Kürbiskernöl ist heute in ganz Österreich kaum mehr wegzudenken, und das Angebot exotischer Öle wie Macadamianussöl oder Arganöl nahm im Handel ebenso zu.

Öle werden aus **unterschiedlichen Ausgangsprodukten** gewonnen: aus Früchten (Olive), aus Ölsaaten (Kürbiskerne, Sesam, Leinsamen), aus Nüssen (Walnüsse, Haselnüsse, Mandeln), aus Hülsenfrüchten (Sojaöl, Erdnussöl), aus Getreide (Maiskeimöl, Weizenkeimöl), aus Knollen (Erdmandel) und aus Obstkernen (Marillenkernöl, Traubenkernöl, Apfelkernöl, Himbeerkernöl).

Sensorische Unterschiede zwischen den Ölsorten sind primär durch die enthaltenen Fettsäuren und die im Fett enthaltenen Aromastoffe bedingt. Durch die **unterschiedliche Fettsäure-Zusammensetzung** dient Abwechs-

Ölsorten

lung bei Ölen in der Küche nicht nur der sensorischen Vielfalt, sondern trägt auch zu einer ausgewogenen Ernährungsweise bei. Auch die küchentechnische Nutzung hängt von der Fettsäure-Zusammensetzung ab.

Die sensorische Qualität der einzelnen Öle hängt von zahlreichen Einflüssen ab. Entscheidend ist die Qualität des Ausgangsmaterials, die jeweilige Sorte (z. B. sind in Europa ca. 150 Olivensorten bedeutend), das Anbaugebiet mitsamt den klimatischen Verhältnissen (Olivenöl aus Sizilien schmeckt anders als aus dem Raum Gardasee), der Erntezeitpunkt und die Erntemethode, Verarbeitung, Verpackung und Lagerung. Öle können mit Kräutern und Gewürzen parfümiert werden. Olivenöl, in das eine Vanilleschote eingelegt wird, nimmt einen ganz hervorragenden Geschmack an, der toll zu Fisch passt!

Öle haben aber nicht nur selbst Geschmack und Aroma, sie verändern auch den Geschmack unmittelbar nach dem Öl gegessener Produkte. Ist der Mund mit einem dünnen Ölfilm ausgekleidet, kommen Geschmacksstoffe, die besser wasserlöslich als fettlöslich sind, nicht mit den Geschmacksrezeptoren in Kontakt. Experimentell hat sich gezeigt, dass Süße und Bitterkeit von Geschmackslösungen nach Öl schwächer wahrgenommen werden als dieselben Geschmackslösungen vor dem Öl.

Olivenöl

Die hochwertigsten Olivenöle sind native Öle, die ausschließlich durch mechanische oder andere physikalische Verfahren unter Bedingungen, die nicht zu einer Verschlechterung des Öls führen, gewonnen wurden. Gekennzeichnet sind sie als **natives Olivenöl Extra** oder **natives Olivenöl.**

Farbe: Die Farbe der Öle kann gelb oder grün sein.

Geruch: Hochwertiges, natives Olivenöl kann nach Oliven, Mandeln, Pinienkernen, Walnüssen, nach Gras, Kräutern, Kamille, Eukalyptus, Feigenbaumblatt, Olivenbaumblatt, nach Blumen, grün (nach unreifen Früchten), nach Apfel, Birne, Zitrus und anderen exotischen Früchten, Artischocke, Tomate, Pfeffer grün oder gar Vanille duften.

Geschmack: kann süß, sauer und bitter sein

Mundgefühl: Je nach Sorte und Herkunft ist Olivenöl mehr oder weniger scharf, kratzend im Hals und mitunter leicht adstringierend. Das Öl kann sich dicker oder dünner anfühlen.

Eine unerwünschte sensorische Eigenschaft bzw. sensorischer Defekt von Olivenöl ist ein modriger Geruch, der entstehen kann, wenn die Oliven mehrere Tage unter feuchten Bedingungen gelagert wurden und mit Schimmel und Hefe befallen waren. Werden Oliven nicht gepflückt, sondern vom Boden aufgelesen, kann bei längerem Liegen auf dem Boden und bei Beschädigung der Früchte der Gehalt an flüchtigen Alkoholen und sogenannter Carbonylverbindungen steigen, welche einen erdigen Defekt erzeugen.

Eine weitere unerwünschte Note ist jene nach Essigsäure von vergorenen Oliven. Stichige Öle entstehen bei Lagerung der Oliven in Haufen bzw. Stapeln. Ranzige Öle sind verdorben, sie entstehen bei falscher Lagerung des Öls. Eine metallische Note kann bei Öl, das im Zuge der Verarbeitung mit Metallflächen in Kontakt war, auftreten. Letztlich weist ein Gurkenaroma

Olivenöl kann u. a. nach Zitrone, Apfel, Birne, Tomate, Olive, Walnuss, Mandel, Pinienkernen, Pfeffer, Vanille oder Kräutern duften.

auf Oxidation nach dem Abfüllen hin. Die genannten Fehler sind für ungeschulte Nasen nicht so leicht offensichtlich.

Um unerwünschte Noten einwandfrei detektieren zu können, ist es wichtig, kurze Pausen zwischen den verkosteten Ölen zu machen.

Kürbiskernöl

Kürbiskernöl ist wie gesagt ein österreichischer Klassiker, das steirische Kürbiskernöl ein Vertreter der Produkte mit geschützter geografischer Angabe (s. u.). Für die Ölherstellung werden die Kürbiskerne nach der Ernte gewaschen und bei 60 °C getrocknet, damit sie lagerfähig sind. Die Kerne werden gemahlen, mit Wasser und Salz verknetet und unter ständigem Umrühren geröstet. Dabei gerinnt das Eiweiß, und das nussige Aroma entsteht. Nach dem Rösten wird der Brei gepresst, um das Öl zu gewinnen. 2,5 bis 3 kg Kerne müssen für einen Liter Öl gepresst werden.

Kürbiskernöl aus chinesischen Kernen ist braun und dünnflüssig, steirisches Kürbiskernöl ist dunkel und bildet beim Schwenken einen smaragdgrünen Rand am Teller aus.

Die sensorischen Eigenschaften von Kürbiskernöl hängen vom **Herkunftsland der Kürbiskerne** ab. Steirisches Kürbiskernöl ist dunkel, zähflüssig, nussig und bildet einen smaragdgrünen Rand beim Schwenken auf weißem Teller. Öl aus chinesischen Kernen ist bräunlich, dünnflüssig, nicht nussig und eher muffig.

Arganöl

Arganbäume zählen zu den ältesten Bäumen der Welt. Sie wachsen heute ausschließlich in Marokko, das Anbaugebiet wurde seitens UNESCO 1998 zum Bioreservat erklärt. Während Olivenölbäume für die Ölgewinnung kultiviert werden, wachsen Arganbäume ausschließlich wild. Auch gibt es nur eine Art des Arganbaumes, im Vergleich zu zahlreichen Olivensorten.

Arganbäume werden zehn Meter hoch, und ihre Wurzeln reichen dreißig Meter tief in die Erde. Sie vertragen hohe Temperaturen und Trockenheit. Der Baum trägt Dornen und nur jedes zweite Jahr gelbe Früchte, die bis zu drei etwa haselnussgroße Kerne enthalten. Aufgrund der Dornen ist eine Handlese nicht möglich. Daher wird gewartet, bis die Früchte vom Baum fallen. Alternativ laufen Ziegen in die Baumkronen, fressen Blätter und Früchte, und scheiden die Kerne später am Boden wieder aus. Zweitere Form der Argankerngewinnung ähnelt auf den ersten Blick jener des *Kopi Luwak* Kaffees, wo eine Katzenart Kaffeekirschen frisst und die Bohnen ausscheidet (siehe S. 45). Im Gegensatz zum *Kopi Luwak* stellt die Ziegenmethode beim Arganöl jedoch die Billigvariante dar, und viele Hersteller distanzieren sich von der Ziegenvariante.

Für hochwertiges Öl werden die Früchte direkt verarbeitet. Die Kerne der Früchte werden mit Steinen zerschlagen, die enthaltenen Samen in Folge luftgetrocknet, geröstet und zermahlen. Aus den Samen wird schließlich das Öl gewonnen. Und jetzt die Hiobsbotschaft: Pro Arganbaum werden nur dreißig Kilo Früchte geerntet, was in einem einzigen Liter Öl resultiert. Bei einem Bestand von ca. 20 Millionen Bäumen, die nur jedes zweite Jahr Früchte haben, wird die jährlich produzierte Ölmenge auf 11 Millionen Liter geschätzt. Peanuts im Vergleich zu Rapsöl oder Sonnenblumenöl! Das Öl ist orange-rötlich.

Dass die Samen geröstet wurden, ist nicht „überschmeckbar", Arganöl kann sogar einen sehr ausgeprägten und dominanten Röstgeschmack haben, es ist nussig und wurde in einer Verkostung als leicht animalisch beschrieben.

Aus gesundheitlicher Sicht ist Arganöl ein Öl mit hohem Vitamin E-Gehalt, mehr als 80 % ungesättigten Fettsäuren und einem hohen Gehalt an den Pflanzensterinen Schottenol und Spinasterol. Der Vitamin E-Gehalt von Sonnenblumenöl ist allerdings genauso hoch. Leinöl, Rapsöl oder Walnussöl haben einen höheren Anteil Omega-3-Fettsäuren als Arganöl.

Arganöl wird nicht nur als Lebensmittel, sondern auch für Kosmetik verwendet. In letzterem Fall werden die Argansamen nicht geröstet.

Sortenreine Traubenkernöle

Weitere Ölsorten und ihre sensorische Vielfalt:

Ölsorte	Geruch, Geschmack, Mundgefühl
Apfelkernöl	Marzipan, Apfel
Avocadoöl	mild, süßlich, gemüsig
Erdmandelöl	Haselnuss, Erdnuss, Mandel, Röstaroma, fettig, süßlich
Erdnussöl	nussig, Erdnuss, erdig
Hanföl	grasig, nussig, herb
Himbeerkernöl	frisch, fruchtig, und deutlich nach Himbeeren
Macadamianussöl	nussig, buttrig, holzig, Brot
Mandelöl	Mandel, nussig, geröstet, nach Marzipan
Marillenkernöl	nussig, Mandel, Marzipan
Tomatenkernöl	fruchtig
Traubenkernöl	fruchtig, weinig, nach Trester – bei sortenreinen Traubenkernölen kommt die Rebsorte durch
Walnussöl	nussig, geröstet, nach getoastetem Brot

Ölverkostung auf 2 Arten

Warum nicht einmal eine Ölverkostung im Freundeskreis machen? Öle kostet man am besten so: In kleine Becher oder Schnapsgläser wenig (!) Öl einfüllen, den Becher mit einer Hand zuhalten und mit der anderen Hand umschließen. Dadurch wird das Öl ganz leicht angewärmt, Aromen sammeln sich verstärkt im Luftraum zwischen Öl und jener Hand, die den Becher verschließt. Nach ein paar Minuten den Becher öffnen und sofort am Öl riechen. Am besten funktioniert das durch Schnüffeln, also mehrmaliges, stoßartiges Einatmen. Dann kosten Sie das Öl und kleiden den Mund dabei aus. Wonach riecht und schmeckt das Öl?

Eine zweite Variante ist es, Öle auf den Handrücken oder auf einen kleinen Verkostungslöffel zu pipettieren. Das genügt, wenn man Öle nur hedonistisch verkostet, sprich feststellen möchte, was einem schmeckt. Wer Öle aber ausgiebig sensorisch beschreiben will, dem reicht ein Tropfen am Handrücken nicht aus.

Genuss durch Regionalität

Die beschriebenen Erdäpfelsorten, alte Getreide- und Gemüsesorten, sowie einige der beschriebenen Öle sind bei uns heimisch. Regionale Lebensmittel sind nicht nur im Zuge der Klimaschutzproblematik aktuell, ihre zunehmende Bedeutung ist auch eine Folge der Globalisierung. Das Ursprungsland bzw. die Region ist zumindest in Österreich ein wichtiges Argument für die Kaufentscheidung. Vor allem bei unverpackten Lebensmitteln ist dies relevant, da viele andere Qualitätsbotschaften, die sonst über die Verpackung kommuniziert werden, hier nicht möglich sind.

Streng genommen müsste man statt von Regionalität von der Herkunft sprechen. **Herkunft** ist unmissverständlich, während **Regionalität** durchaus schwammig ist. Regionalität hat zwei unterschiedliche Ausprägungen: Ein Produkt kann aus einer definierten Region stammen, etwa Waldviertler Karpfen oder Spreewälder Gurken, diese Region kann aber durchaus weit vom Ort des Endverbrauchers entfernt sein. Die zweite und klimafreundliche Variante der Regionalität ist jene von geografischer Nähe. Regionale pflanzliche Produkte aus der Umgebung schmecken, so sie reif und saisonal geerntet werden und entsprechend frisch sind, einfach besser! Wie bereits im Zuge der Sortenvielfalt erwähnt, ergibt sich die größte sensorische Vielfalt nicht aus dem Ausschluss von allem, was eine Distanz von mehr als 100 km überwunden hat, sondern aus der gleichzeitigen Verfügbarkeit heimischer Lebensmittel mit allen ihren Sorten, kombiniert mit ausgewählten, hochwer-

tigen Lebensmitteln aus anderen Regionen, die im unmittelbaren Umkreis nicht verfügbar sind.

Bei der **Herkunftsbezeichnung** von Produkten gibt es drei Kategorien: Die einfache geografische Herkunftsangabe gibt Auskunft über die Herkunft, bezieht sich aber nicht auf eine besondere Produktqualität. Beispiel: „Hergestellt in X". Bei der kombinierten Herkunftsangabe wird die Herkunftsangabe mit einem Qualitätsversprechen kombiniert, etwa „Herkunft und Qualität aus X" oder „Hergestellt und geprüft in Y". Letztlich gibt es die qualifizierte Herkunftsangabe, bei welcher die qualitätsbestimmenden Merkmale eng an den geografischen Ursprung gebunden sind.[34] Beispiele sind die geschützte Ursprungsbezeichnung und die geschützte geografische Angabe. Ursprungsbezeichnungen und geografische Angaben werden durch die Verordnung (EG) Nr. 510/2006 geregelt. Sie bezieht sich auf landwirtschaftliche Erzeugnisse und Lebensmittel mit Ausnahme von Wein und Spirituosen, die aufgrund ihrer geografischen Herkunft bestimmte Eigenschaften und Qualitäten aufweisen.

g. U. = Geschützte Ursprungsbezeichnung

englisch: Protected Designation of Origin (PDO)
französisch: Appellation d' Origine Protégée (AOP)
italienisch: Denominazione d' Origine Protetta (DOP)
spanisch: Denominación de Origen Protegida (DOP)

Bei Produkten mit geschützter Ursprungsbezeichnung erfolgen alle Erzeugungsschritte, vom Rohstoff bis zum fertigen Produkt, in einem bestimmten geografischen Gebiet nach einem anerkannten, festgelegten Verfahren. Das Produkt verdankt seine Eigenschaften überwiegend dem geografischen Gebiet. Beispiele für **Produkte mit geschützter Ursprungsbezeichnung** sind der Parmaschinken, Champagner, in Österreich Wachauer Marille oder Waldviertler Graumohn, in Deutschland unter anderem die beiden Schafrassen Lüneburger Heidschnucke oder Diepholzer Moorschnucke.

Vor allem bei Käse gibt es zahlreiche internationale Vertreter:
- 45 französische Käse haben eine geschützte Ursprungsbezeichnung = AOP-Status
- 35 italienische Käse sind DOP-Käse

34 Tilman Becker, 2005.

Die Schweiz nimmt mit 11 AOC-Käsen den D-A-CH[35] Spitzenplatz ein. Die 11 Käse sind: Le Gruyère, Vacherin Fribourgeois, Vacherin Mont-d'or Suisse, Tete de Moine, Sbrinz, Berner Alpkäse, Berner Hobelkäse, L'Etivaz, Emmentaler Switzerland, Raclette du Valais, sowie der Formaggio d'Alpe Ticinese.

Österreichs 6 g.U. Käse sind der Vorarlberger Bergkäse, Vorarlberger Alpkäse,[36] Tiroler Bergkäse, Tiroler Alpkäse, Tiroler Graukäse und der Gailtaler Almkäse.

Vorarlberger Bergkäse g.U.

Tiroler Graukäse g.U.

In Deutschland haben zum Zeitpunkt des Verfassens dieses Buches vier Käse – der Odenwälder Frühstückskäse, Allgäuer Emmentaler, Allgäuer Bergkäse und der Altenburger Ziegenkäse – g.U.-Status.

g.g.A. = Geschützte geografische Angabe

Englisch: Protected Geographical Indication (PGI)
Französisch: Indication Géographique Protégée (IGP)
Italienisch: Indicazione Geografica Protetta (IGP)
Spanisch: Indicación Geográfica Protegida (IGP)

Für eine geschützte geografische Angabe ist es hingegen ausreichend, wenn mindestens eine der drei Stufen – Erzeugung, Verarbeitung oder Herstellung – im Herkunftsgebiet stattfindet. Geschützte Ursprungsbezeichnung (g.U.) und geschützte geografische Angabe (g.g.A.) unterscheiden sich somit in der Intensität der Beziehung zwischen Region und Produkt.

35 D (Deutschland), A (Österreich), CH (Schweiz)

36 Berg- und Alpkäse sind traditionell in Österreichs Käsekultur verankert. Der Unterschied zwischen Berg- und Alpkäse ist der, dass die verwendete Rohmilch in beiden Fällen von der Alp stammt, der Alpkäse aber auch auf der Alp produziert werden muss, während der Bergkäse im Tal hergestellt werden darf.

Österreichische g.g.A.-Beispiele sind das bereits beschriebene steirische Kürbiskernöl,[37] Steirischer Kren,[38] Mostviertler Birnmost, Gailtaler Speck, Tiroler Speck und Marchfeldspargel. Deutschland hat zahlreiche Produkte mit geschützter geografischer Angabe, darunter Hessischer Handkäse, Schwäbische Maultaschen, Holsteiner Karpfen, Spreewälder Gurken, Dresdner Christstollen, Lübecker Marzipan oder Nürnberger Lebkuchen.

Genuss in der Gastronomie

An dieser Stelle möchte ich ein paar Gedanken zu Qualität und Genuss in der Gastronomie niederschreiben, denn nirgendwo ist die Qualitäts-Bewertung im kulinarischen Bereich offensichtlicher. Hauben,[39] Sterne,[40] verbale Restaurantkritiken und Empfehlungen – das soll die Orientierung erleichtern. Nur wenige Köche – im letzten Jahrhundert waren es vier – werden von **Gault Millau** zum Jahrhundert-Koch gekrönt, darunter Eckart Witzigmann, den ich in Kapitel 4 interviewt habe!

37 Die Kürbiskerne stammen aus einem definierten geografischen Gebiet, das ausgewählte Bezirke in der Südsteiermark, dem südl. Burgenland und in Niederösterreich umfasst.
38 Meerrettich
39 Hauben bzw. Mützen werden von Gault Millau vergeben.
40 Sterne werden von Michelin vergeben.

Die Gastronomie bietet kulinarischen Genuss im Paket an. Ausgewählte Produkte, deren Zubereitung und Kombination, das Ambiente, die Begleitung anderer Personen, all das beeinflusst das Genusserlebnis! Köchinnen und Köche können unbekannte Lebensmittel und Sortenraritäten präsentieren, und diese mit ungewöhnlichen Zubereitungsmethoden kochen.

Ich bin „normaler Gast", wenn ich in ein Restaurant gehe. Keine Gastrokritikerin, aber als Genussmensch und als berufliche Sensorik-Spezialistin natürlich kritisch bezüglich dessen, was ich esse und trinke. Beim Lesen einer Restaurant-Kritik interessiert mich berufsbedingt nicht nur das Ergebnis, sondern auch wie diese zustande kommt. Denn im Gegenzug zu meinem „Tagesgeschäft", den objektivierbaren sensorischen Untersuchungen, bei denen eine größere Anzahl an Testern in zufälliger Reihenfolge Lebensmittel oder Getränke meist blind verkostet, können Gastrokritiken rein methodisch gar nie 100 % objektiv sein. Das heißt aber nicht, dass sie nicht ihre Berechtigung haben – solange klar kommuniziert wird, wie es zur Bewertung kommt.

Subjektiv, aber kompetent, so beschreibt auch der Restauranttester Wolfgang Fassbender im deutschen **Journal Culinaire** die heutige Restaurantkritik. Objektive Restaurantkritik ist aus seiner Sicht unmöglich, objektiv lassen sich nur einzelne Elemente messen. Subjektiv ist zudem die Gewichtung der Einzelbewertung. Wie viel ist der Gesamteindruck der Speise wert, wie viel der Wein, das Servierpersonal, das Ambiente? Folgende Kriterien empfiehlt er bei der Speisenbeurteilung: die Qualität der Grundprodukte, die Qualität der Zubereitung, Harmonie und Kontrast bei Aromen und Geschmäckern, Vielschichtigkeit/Komplexität, Intensität und Länge, sowie die Präsentation einer Speise. Was den Wein betrifft, bin ich völlig bei ihm: Besser eine kleine Weinkarte, die auf das Essen abgestimmt ist, als eine unüberschaubar lange Karte, die die Frage aufwirft, wie viele Flaschen jeweils vorhanden sind. Ich glaube auch nicht, dass irgendein Restaurant-Gast eine Karte mit hunderten oder gar tausend Weinen ernsthaft studiert – anders als in der Weinbar, die man aufgrund spezieller Weine besucht.

Erschwerend ist wohl auch die Tatsache, dass renommierte GastrokritikerInnen wohl irgendwann bekannt sind. Während in anderen Branchen bei anonymen Testkäufen Wert darauf gelegt wird, dass die Käufer in ihrer Funktion unbekannt und unauffällig sind, sind langjährige und bekannte Gastrokritiker keine Mystery-Esser und Mystery-Tester. Dann ist es keine blinde Bewertung mehr, sondern beide Seiten wissen, mit wem sie es zu tun haben. Dennoch, ein Koch oder eine Köchin kann sich bei Gastrokritikern vielleicht mehr bemühen, aber über das eigene Können hinaus kann er oder

sie deshalb auch nicht hinauswachsen. Auffällig ist auch, dass sich mancher Hauben- oder Sternekoch nach einigen Jahren dem Bewertungs-Stress entzieht und in Form eines kleineren Restaurants den Neustart macht, wo er wieder ausschließlich für seine Kunden, nicht für seine Sterne kocht. Eigentlich sollte das immer der Fall sein …

Ähnlich herausfordernd ist auch das Thema **Weinkritik**. Information über einen Wein kann nachweislich eine positive oder negative Erwartungshaltung erzeugen, die die anschließende Wahrnehmung des Weines beeinflusst. Der amerikanische Weinkritiker *Robert Parker*, international oft als Weinpabst bezeichnet, bewertet Weine an einer 100-Punkte-Skala, wobei die schlechtesten Bewertungen bei 50 Punkten beginnen. Wie groß deren Einfluss auf Weintrinker ist, wurde in der Schweiz an der ETH Zürich im Zuge einer Studie eruiert. 136 Personen wurden in fünf Gruppen eingeteilt. Alle erhielten den gleichen Wein zur Verkostung, jedoch mit unterschiedlichen Zusatzinformationen. Zwei Gruppen bekamen eine positive Information über den Wein, und zwar in Form von 92 aus 100 Parker-Punkten, gepaart mit einer Kurzinformation über den Weinkritiker Robert Parker und die Bedeutung seiner Punkteskala. Zwei Gruppen erhielten eine negative Information, d. h. 72 aus 100 Parker-Punkten, ebenso mit der Kurzinformation über die Parker-Skala. Die fünfte Gruppe diente als Kontrollgruppe und bekam keinerlei Informationen. Von den zwei Gruppen mit positiver Information wurden einer die Parker-Punkte vor der Verkostung genannt, der anderen danach. Analog bekam von den zwei Gruppen mit negativer Information nur eine die Parker-Punkte vor der Verkostung genannt. Die Teilnehmer bewerteten ihre Akzeptanz des Weines an einer Skala. Die Moral von der Geschicht': Das Wissen um die Parker-Punkte beeinflusste die Akzeptanz der Schweizer Weinkonsumenten massiv. Erhielten die Tester positive Informationen vor dem eigenen Verkosten, dann bewerteten sie den Wein besser als Probanden, die negative Informationen vor der Verkostung erhielten. Bekamen die Teilnehmer die positive oder negative Information allerdings erst nach dem Verkosten, hatte die Angabe der Parker-Punkte keinen Einfluss mehr – beide Gruppen bewerteten ihn als gleich gut!

Das soll nicht heißen, dass ein Gast künftig sich selbst überlassen sein soll. Beratung oder eine Empfehlung soll ein Gast, der dies wünscht, auch bekommen! **Wein-, Bier-, Tee-, Kaffee- und Wassersommeliers** haben nicht nur fundierte Kenntnisse über die jeweilige Getränkekategorie, sondern empfehlen auch gezielt, welches Getränk sich mit welcher Speise von der Karte optimal ergänzt. **Käsesommeliers** haben fundierte Kenntnisse über diverse regionale und internationale Käsesorten, stellen je nach Vorlieben

Käseteller zusammen, empfehlen passende Getränke dazu und wissen zu den Käsen auch spannende Geschichten. Ich bin selbst Käsesommelière und weiß es sehr zu schätzen, wenn ich in einem Restaurant neue Käse koste und Neues dazu lerne!

Es ist dies aber ein Plädoyer an alle Gäste, nicht blind einer Bewertung eines Kritikers zu folgen, sondern auch den eigenen Gaumen ernst zu nehmen. Es ist dies wieder die Diskussion der Qualität und des Genusses, analog zur Kunst: Objektiv bewertbar ist, ob die Zutaten qualitativ hochwertig sind und die Zubereitung perfekt ist oder nicht. Was einem selbst Hochgenuss beschert, ist und bleibt aber individuell. Gerade das ist doch spannend!

Es gibt aber auch ganz andere Kriterien zur Bewertung der Gastronomie: etwa, ob die Herkunft der kulinarischen Rohstoffe gekennzeichnet wird, ob es klimafreundliche Gerichte gibt oder auch ob Vegetarier mehrere attraktive Alternativen geboten bekommen. Wer wissen möchten, woher die Forelle auf dem Teller stammt, ob die „Heurigen“-Erdäpfel (Kartoffel) aus Österreich sind und die Eier von Hühnern aus Freilandhaltung kommen, kann natürlich nachfragen – oder hoffen, dass der Betrieb die Herkunft landwirtschaftlicher Produkte freiwillig in der Speisekarte kennzeichnet. Die Agrarmarkt Austria hat ein freiwilliges Kennzeichnungs- und Dokumentationssystem, die **AMA-Gastrorichtlinie,** entwickelt, das Angaben über die Herkunft und Produktionsweise landwirtschaftlicher Rohstoffe sowie traditionelle Zubereitung in Hotellerie und Gastronomie macht. Es ist dies ein Baustein in Richtung Transparenz für den Endkonsumenten. Den Gästen wird verständlich vermittelt, woher ausgewählte Rohstoffe stammen, und die Richtigkeit dieser Angaben wird kontrolliert. Lebensmittelimitate werden ebenso abgelehnt wie Fertiggerichte. Die Teilnahme für Gastronomen ist freiwillig. Jeder teilnehmende Betrieb muss Vertreter aus fünf Kategorien – Fleisch, Milch & Milchprodukte, Eier, Kartoffeln & Obst & Gemüse, Wild & Fisch – auswählen, für welche die Herkunft angeführt werden muss. So kann man sich die Geografie auf der Zunge zergehen lassen!

In einem Restaurant zu essen, erfüllt jedenfalls per Definition einige der „Genussregeln“ der *Kleinen Schule des Genießens*:

- Genuss braucht Zeit – die muss man sich beim Essen in einem Restaurant ohnehin nehmen, es sei denn, man setzt auf Fast Food.
- Jedem das Seine – auch innerhalb einer Familie müssen beim auswärtigen Essen nicht alle das gleiche auswählen.

- Genuss muss erlaubt sein – wer sich das nicht erlaubt, geht vermutlich nicht in ein gutes Restaurant. Oder irre ich mich?
- Genießen geht nicht nebenbei – im Restaurant können Sie ohnehin nicht wahnsinnig viel nebenbei machen.
- Zudem kann ein Restaurant auch die Erfahrung mit bislang unbekannten Lebensmitteln oder alten Sorten fördern. Wer Knollenziest einmal in der Gastronomie gekostet und ihn als wohlschmeckend empfunden hat, wagt sich mitunter eher an ein eigenes Kochexperiment!

3 Kost-Paar-Keiten

3 Kost-Paar-Keiten

Genuss resultiert nicht nur aus dem Verzehr einzelner Genussmittel, sondern auch aus deren Kombination. Nur wenige Lebensmittel werden ungewürzt und alleine konsumiert. Der Großteil dessen, was wir essen, besteht aus Kost-Paaren, -Tripletts, -Quartetts oder noch mehr Elementen. Butterbrot, Kaffee mit Milchschaum oder Pasta mit Tomatensauce sind Kost-Paare des Alltags.

Durch gezieltes Kombinieren können aber auch außergewöhnliche Kombinationen entstehen, etwa der bereits genannte Schokokuchen mit Basilikumeis, Gruyère-Käse mit weißer Schokolade, Fisch oder Pilze mit Kaffee, oder Fisolen[1] mit Metaxa. Ungewöhnliche Kombinationen verlocken Aufgeschlossene zum Probieren. Der ultimative Genuss liegt für die meisten aber doch im Traditionellen, Nussschokolade hat mehr Fans als Schokolade mit Grammeln.[2]

Lachs mit Kaffeegewürzsalz (Kaffeegewürzsalz siehe www.muehlvierteln.at)

Gero von Randow sieht unsere Genussfähigkeit als „Grundausstattung des Homo sapiens, sie ist Teil seines Erfolgsrezepts. Er ist vielleicht nicht auf der Welt, damit er seinen Spaß hat – aber bestimmt, weil er seinen Spaß hat."[3] Genuss war aber sicher nicht das einzige Motiv des Homo sapiens, Lebensmittel zu kombinieren! Ich werde in diesem Kapitel daher zunächst verschiedene Ursachen für Kost-Paare aufzeigen. Da bereits Salzen oder Süßen als

1 Grüne Bohnen
2 Grieben
3 Von Randow G.: Genießen. Eine Ausschweifung 2005.

einfachste Art des Kombinierens verstanden werden kann, betrachte ich im Anschluss unterschiedliche Hierarchien von Kost-Paaren. Sodann nehmen wir konkrete Kombinationen unter die Lupe: Was sagt die Wissenschaft zum Thema Harmonie, und was machen bekannte Köche in der Praxis? Lässt sich Harmonie auf einen gemeinsamen Nenner bringen? Es erwartet Sie an dieser Stelle keine Genussformel und kein individuelles Genusspatentrezept, dafür aber eine Sammlung spannender Erkenntnisse, gepaart mit konkreten Beispielen, die es sich auszuprobieren lohnt!

Ursachen für Kost-Paare

Lebensmittel werden aus sensorischen ebenso wie gesundheitlichen Gründen, aus Gründen der Tradition und Verfügbarkeit, des Preises und der sättigenden Wirkung kombiniert. Auch wenn der Fokus dieses Kapitels auf dem Genusselement von Kombinationen liegt, ist es dennoch spannend zu verstehen, weshalb sich diese überhaupt entwickelt haben. Bei allen Gedanken und Untersuchungen, was harmoniert, drängen sich drei Fragen auf:

- Stimmt das Zusammenpassen aus sensorischer, geschmacklicher Sicht immer mit gesundheitlichen Aspekten überein? Half die sensorische Harmonie von Speisen evolutionär betrachtet vielleicht sogar beim Überleben, indem auf diese Weise sinnvolle, sich ergänzende Kombinationen gefunden wurden?
- Ist das, was sensorisch zusammenpasst, überhaupt verallgemeinerbar, oder schmeckt ohnehin jedem etwas anderes?
- Haben wir uns an Kombinationen gewöhnt und mögen sie deshalb?

Geschmack und Gesundheit im Einklang?

Das Zusammenpassen aus sensorischer Sicht stimmt zumindest teilweise mit der gesundheitlichen Verträglichkeit überein. Da es nach der Muttermilch kein Lebensmittel mehr gibt, das alle wichtigen Nährstoffe in ausreichendem Maß enthält, ist Vielfalt eine wichtige Voraussetzung für ausgewogene Ernährung. Kombinationen, die uns schmecken, fördern diese Vielfalt!

Kohlenhydrate, Eiweiß und Fett sind die Hauptnährstoffe. Wir brauchen alle drei, jedoch in unterschiedlichen Mengen.[4] Das lässt sich nur durch

4 Für gesunde Erwachsene: Kohlenhydrate sollen mindestens 50 % der täglich aufgenommenen Energie (Kcal) ausmachen, maximal 30 % der Energie in Form von Fett, mindestens 8–10 % Eiweiß (0,8 g/kg Körpergewicht).

Kombinieren erzielen! Fleisch alleine liefert Eiweiß und Fett, enthält aber wenige Kohlenhydrate. Gemüse ist eine gute Quelle für Kohlenhydrate inklusive Ballaststoffe, nicht aber für Eiweiß und – mit Ausnahme der Avocado – Fett. Getreide und Hülsenfrüchte sind reich an Kohlenhydraten und auch Eiweiß, beide sind aber arm an einer essenziellen Aminosäure.[5]

Durch sinnvolles Kombinieren von Lebensmitteln ergänzen sich die gebildeten Paare allerdings optimal. So ist die Eiweißzusammensetzung von Kartoffeln mit Ei unschlagbar, und stellt übrigens jedes Fleischprotein in den Schatten. Sehr gute Eiweißlieferanten sind aber auch Kombinationen von Milch mit Getreideprodukten (z. B. Müsli, Käsebrot, Topfenstrudel[6]) oder von Getreide mit Hülsenfrüchten, die sich nicht umsonst weltweit durchgesetzt haben – als Reis & Linsen in Indien, Reis & Soja in Japan, Couscous & Kichererbsen im arabischen Raum, Mais & Bohnen in Lateinamerika, oder Brot & Käferbohnensalat in der Steiermark. Getreide und Hülsenfrüchte ergänzen sich hinsichtlich ihrer Aminosäuren optimal. Die genannten Paare sind deshalb besonders wertvoll, da sie eine hohe **biologische Wertigkeit** haben. Die biologische Wertigkeit ist das Maß für die Eiweißqualität, sie besagt, wie viel Gramm Körper-Eiweiß wir aus Nahrungseiweiß aufbauen können. Die biologische Wertigkeit berücksichtigt jedoch die Verdaulichkeit von Eiweiß nicht.

Kartoffel & Ei ist die Eiweißkombination mit der höchsten biologischen Wertigkeit.

Auch die Aufnahme von manchen Nährstoffen kann durch Kombination gefördert werden. So wird etwa die Eisenaufnahme durch Vitamin C erhöht. Mexikanische Ausgrabungen geben Hinweise auf wilde Chilisorten, die

5 Essenzielle Aminosäuren sind lebensnotwendige Eiweißbausteine. Getreide sind arm an der Aminosäure Lysin, und Hülsenfrüchte wie Bohnen oder Linsen arm an der schwefelhaltigen Aminosäure Methionin. Die Sojabohne hat aber einen höheren Methioningehalt als etwa die Saubohne. Sie ist in ihrer Qualität mit Fleisch- und Milcheiweiß vergleichbar.

6 Quarkstrudel

bereits 7000 v. Chr. verwendet worden sind. Da Chilis Vitamin C und Carotinoide enthalten, hatte deren Verwendung damals nicht nur sensorische, sondern auch gesundheitliche Relevanz, wenngleich die Inhaltsstoffe damals natürlich unbekannt waren. Kombinieren von Gewürzen und Speisen half evolutionär gesehen durch Weitergabe von Ernährungswissen und Essgewohnheiten tatsächlich beim Überleben.

Auch traditionelle Kombinationen aus Brot und Fett haben gesundheitliche Bedeutung. Wird ein dunkles Sauerteig-Roggenbrot mit Butter bestrichen, werden Fettsäuren und Cholesterin der Butter zum Teil von den Ballaststoffen des Brotes gebunden. Semmeln enthalten hingegen kaum Ballaststoffe, daher werden Cholesterin und Fettsäuren von der Buttersemmel uneingeschränkt absorbiert. Vermutlich hat es sich nicht umsonst so entwickelt, dass in traditionellen Weißbrotländern Olivenöl, in Schwarzbrotländern hingegen Butter gegessen wird. Die Buttersemmel ist vergleichsweise jung.

Als weiteres Beispiel seien Gewürze genannt. Kümmel schützt Sauerteigbrot in feuchten und kühlen Regionen vor Schimmel, unterstützt aber auch die Darmflora, indem unerwünschte Pilze unterdrückt werden. Lass Nahrung Deine Medizin sein, meinte schon Hippokrates (460 bis 370 v. Chr.) – bei Kräutern und Gewürzen wird dieser fließende Übergang zwischen Essen und Gesundheit besonders deutlich.

Heute ist der Genuss aber das Hauptmotiv für die Verwendung der meisten Kräuter und Gewürze. Dem Basilikum wird zwar eine schweißtreibende und schleimlösende Wirkung sowie Linderung bei Magenbeschwerden und Hilfe bei Blähungen nachgesagt, in der Küche ist es aber auch bei vielen leicht verdaulichen Gerichten unverzichtbar für den Genuss. Gnocchi mit Salbeibutter werden nicht aufgrund der entzündungshemmenden Wirkung von Salbei gegessen, sondern weil Salbei in dieser Kombination einfach hervorragend mundet! Salbeitee wird hingegen aufgrund seiner Wirkung als Heilmittel getrunken, und auch die Salbe leitet sich von Salbei ab. Das weist auf die ursprüngliche Verwendung von Salbei als Heilmittel hin.

Viele Kombinationen zeigen aber, dass nicht alles, was als sensorisch zusammenpassend empfunden wird, mit Gesundheit einhergeht – etwa die Panier auf Fleisch, Fisch, Käse oder Gemüse. Ich persönlich halte Panier auch sensorisch für entbehrlich, aber ein Blick rundum zeigt, dass sich die Geister und Geschmacksknospen an dieser Stelle scheiden. Die Panier dürfte bereits auf die Zeitrechnung vor Christus datiert sein. Schon damals wurde altes Brot zu Bröseln verarbeitet und in Speisen eingearbeitet. Im Mittelalter

scheint die Panier nach dem Verbot von Blattgold in Venedig 1514 (siehe Kapitel 1) dann ein optischer Goldersatz geworden zu sein. Bis heute, wo niemand mehr die Assoziation mit Gold hat, ist die Panier geblieben.

Ist Harmonie verallgemeinerbar?

Zweifelsohne ist das Kombinieren eine sensorische Bereicherung. Fisch pur, Gemüse pur, Nudeln pur, Fleisch pur, das alles wäre auf lange Sicht langweilig. (Wenn Sie Kinder haben: manche Kinder sehen das mit der Langeweile nicht so. Sie haben Phasen, wo sie Nudeln ganz ohne Sauce essen, diese Phasen gehen jedoch vorüber.)

Kost-Paare gleichen das sensorische Defizit der beiden Partner aus. Durch gezieltes Kombinieren kann auch die sensorische Komplexität von Gerichten erhöht werden, etwa wenn ein Produkt, das vorwiegend einen Sinn anspricht, zum Beispiel nur den Geschmack, durch Kombination mit einem anderen mehrere Sinne gleichzeitig reizt. Auch die Anzahl der Aromastoffe kann als Komplexitätskriterium herangezogen werden, sie steigt bei Kombinationen von Zutaten oder Produkten, die Aromen haben, an. Die Kombination von **Partnern unterschiedlicher Temperatur** und/oder vor allem **Textur** bietet spannende Kontraste!

Neuerdings ist das Kombinieren von Lebensmitteln zu einem Thema geworden, dem sich nicht nur Köche, Sommeliers und Gastrokritiker, sondern auch Wissenschaftler widmen. Anekdoten und Erfahrungsberichte, was sensorisch zusammenpasst und was nicht, werden somit durch systematisch angelegte Versuche und durch chemische Analysen ergänzt. Sensorische Studien untersuchen, wie die Kombination von Zutaten deren Geruch und Geschmack verändert.

Chemische Analysen[7] können sensorische Erkenntnisse dabei gezielt ergänzen. Sie zeigen auf, dass viele **Lebensmittel, die miteinander harmonieren, wichtige Aromastoffe gemeinsam** haben. Klassische Kombinationen wie Spargel und Butter, aber auch außergewöhnliche Kombinationen wie Kaviar mit weißer Schokolade passen deshalb zusammen, weil sie einen Teil ihrer Aromen teilen. Sollen zwei Zutaten, die keine ihrer Schlüssel-Aromen gemeinsam haben, miteinander kombiniert werden, kann dies mit Hilfe einer dritten Zutat geschehen, die mit den beiden ersten jeweils einen Teil der Aromen gemeinsam hat.

7 vor allem gaschromatografische Aromastoffanalysen

Das klingt zwar nicht romantisch, aber dafür praktisch. Methodisches **Foodpairing®** kann gezieltes Rezeptdesign unterstützen und beschleunigen, indem Produkte mit überschneidendem Aromaspektrum kombiniert werden. Die Webseiten foodpairing.be und foodpairing.com zeigen passende Kombinationen auf. Da einzelne Lebensmittel oft hunderte Aromen beinhalten, von denen nur ein geringer Teil einen relevanten Beitrag zum Geruch leistet, werden in der Foodpairing®-Datenbank nur solche Aromen berücksichtigt, deren Konzentrationen hoch genug ist, um auch tatsächlich mit unserer Nase wahrgenommen zu werden. Die Datenbank kann als inspirierendes Tool betrachtet werden, das zu neuen Ideen anregen kann. Kreativität beim Kochen braucht man dennoch, da die Zutaten alleine noch lange kein Gericht machen!

Speisen bestehen aber nicht nur aus Aromen, sondern enthalten auch süße, bittere, salzige, umami und saure Geschmacksstoffe. Geschmacksstoffe können sich gegenseitig verstärken oder abschwächen, einander unterdrücken oder synergistisch wirken. Die Harmonie einer Speise liegt somit nicht nur an der Aroma-Komposition, sondern auch am Geschmacksspektrum. Sind beim Aroma Gemeinsamkeiten für die Harmonie von Speisen verantwortlich, sind es beim Geschmack oft **Kontraste**, die als spannend empfunden werden.

Es gibt somit einerseits eine verallgemeinerbare Harmonielehre von Lebensmitteln, andererseits aber den individuellen Geschmack. Auch wenn Zutaten als harmonisch gelten, müssen sie dem Einzelnen nicht immer munden. Wer kein Biertrinker ist, wird mitunter auch Bier mit Vanilleeis nicht favorisieren – es kann aber durchaus sein, dass er diese Kombination gerade deshalb mag, weil das Bieraroma oder der bittere Geschmack durch die Vanille kompensiert wird. Umgekehrt passt das, was uns individuell zusammen schmeckt, für uns offensichtlich zusammen, egal ob es dafür wissenschaftlich nachvollziehbare Gründe wie gemeinsame Aromastoffe gibt oder nicht.

Mögen wir nur das Gewohnte?

Essen ist evolutionär, genetisch, kulturell und soziologisch geprägt. Traditionen haben familiären und geografischen Ursprung. In Vorarlberg essen manche ihre *Käsknöpfle*[8] mit Apfelmus. Während in Weinregionen Wein & Speise ein Thema sind, wird in Mostregionen Most & Speise aufgegriffen.

8 Käsespätzle

Wie in Kapitel 2 bei den Genussmitteln im engeren Sinn bereits beschrieben, hängen individuelle Vorlieben stark mit unseren Konsumgewohnheiten zusammen. Die Tatsache, dass uns das schmeckt, was wir bereits mehrmals gegessen und gut vertragen haben, wird als **Effekt der bloßen Darbietung** bezeichnet. Unsere Sinne haben schließlich Sicherheitsfunktion. Wenn wir etwas gegessen oder getrunken und gut vertragen haben, machte es evolutionär betrachtet Sinn, diese Speise in Folge auch zu mögen. Das gilt auch für Kost-Paare!

In der Literatur wird der Stellenwert von Kombinationen, an die wir uns als Kinder gewöhnt haben, ebenso beschrieben. Der französische Schriftsteller Marcel Proust (1871–1922) beschrieb etwa in seinem Roman *Auf der Suche nach der verlorenen Zeit* eine Kombination aus Schwarztee oder Lindenblütentee mit *Madeleines*, einem muschelförmigen Kleingebäck aus Sandmasse. Beim Genuss einer in Tee getauchten Madeleine erinnert sich der erwachsene Erzähler an seine Kindheit, in der ihm seine Tante Tee mit Madeleines gereicht hatte.

Hierarchie von Kost-Paaren

Die Basis – Salz und Zucker

Gewöhnliches Kochsalz und Fleur de Sel

Salz im Brot und Zucker im Tee sind Kost-Paare auf der einfachsten Stufe. In Österreich ist Salzreduktion bei Bäckern seit 2010 ein aktuelles Thema mit gesundheitlicher Relevanz. Denn was wir aufs Brot essen – ob Käse, Speck, Räucherfisch oder Aufstriche – ist meist ohnehin salzig genug. In England, wo Toastbrot meist ungesalzen ist, wird als Ausgleich gesalzene Butter darauf gestrichen. Brot mit Salz war schon vor langer Zeit ein Symbol

für Gastfreundschaft im Nahen Osten, und auch in Österreich gibt es in manchen ländlichen Regionen heute noch den Brauch, bei der Fertigstellung eines Hauses den Eigentümern einen Korb mit Brot und Salz zu reichen – Dinge, die in einem „guten Haushalt“ nie ausgehen sollen.
Salz dient in geringen Mengen nicht nur als Würzungsmittel, sondern auch als Geschmacksverstärker. Salziger Geschmack kann aber auch andere Geschmacksrichtungen unterdrücken, etwa Bitterkeit. Eine Prise Salz zu Grapefruitsaft macht diesen nicht salzig, sondern süßer, da die Bitterkeit maskiert wird und die natürliche Süße des Saftes dadurch eher zum Vorschein kommt. Auch Zuckerzusatz zu Tee oder Kaffee reduziert deren Bitterkeit. Ob man Heißgetränke süßt oder nicht, ist aber primär eine Frage der Gewohnheit.

Öle und Butter

Jedes Butterbrot ist ein Kost-Paar. Butter hat zwei Funktionen: Sie ist selbst Geschmacks- bzw. Aromaträger und sie verändert den Geschmack des Brotes, da fettlösliche Aromastoffe aus den Brot-Gewürzen darin gelöst werden.

Komplexer wird die Sache bei Ölen, deren sensorische Bandbreite sehr groß ist (siehe Kapitel 2). Vergleichsweise geschmacksneutrale Öle werden oft zum Kochen eingesetzt. Andere Pflanzenöle haben einen intensiven Eigengeschmack, der auch bei Verwendung geringer Mengen im jeweiligen Gericht zum Tragen kommt, etwa bei Marillenkernöl. Derartige Öle tragen entsprechend mehr zur Gesamtkomposition bei, weshalb sich Öle hierarchisch schwer einordnen lassen. Bei hocharomatischen Ölen scheiden sich auch die Geister, denn ein dominantes Öl lässt dem Koch oder der Köchin weniger Spielraum. Mir persönlich schmeckt Marillenkernöl hervorragend in Blattsalaten mit Nüssen. Arganöl wird als idealer Partner zu Honig,[9] zu Wild, Schokorotkraut oder Desserts aus Schokolade und Nüssen[10] gepriesen. Auch Öle erfüllen zudem – wie Butter – die Funktion eines „Lösungsmittels“ für fettlösliche Aromen.

Kräuter & Gewürze

Kräuter erfreuen sich derzeit enormer Beliebtheit und auch Vielfalt. Thymian gibt es als Zitronen- und Orangenthymian, Basilikum unter anderem in

9 Schleicher P., 2010.
10 Gerhard Krießmann, im Artikel „Auf Öl gestoßen“ von Burghardt A., à la Carte 4, 2010, Seite 98.

Ananassalbei

Apfelminze

Bananenminze

Buntsalbei

Ingwerminze

Krauseminze

Salbei

Schokominze

Thaibasilikum

Thymian Silver Queen

Form von Thai-, rotem Basilikum oder Zimtbasilikum. Auch Apfelminze und Schokominze sind vielen heute kein Fremdbegriff mehr. Wer Zitronenaroma möchte, braucht nicht auf Zitronen zurückgreifen, denn Zitronenmelisse, Zitronenthymian, Zitronenverbene oder Zitronengras verleihen Speisen ebenso eine Zitrusnote.

Auch Kräuter und Gewürze zeichnet aus, dass sie nicht pur, sondern ausschließlich in Kombination mit einem Partner verzehrt werden. Die einzige Ausnahme sind Kräuter- und Gewürztees. Im Gegensatz zu Fetten und Ölen sind Kräuter & Gewürze aber keine relevanten Energielieferanten. Manche Gewürze unterstreichen primär den Eigengeschmack der Speisen, denen sie zugesetzt werden, sind aber selbst nur subtil wahrnehmbar. Andere, wie etwa der Safran, verleihen Speisen gezielt ein auffälliges Eigenaroma. Bei Gewürzmischungen ergänzen sich die einzelnen Komponenten, die Bestandteile der Mischung sind nicht notwendigerweise im Gericht erkennbar.

Werden Gewürze erst am Ende der Garzeit Speisen zugefügt, verbinden sie sich weniger mit den Hauptzutaten als bei Zusatz während des Garvorganges. Beides kann gewünscht sein. So wird etwa *Garam Masala* bei indischen Curries erst kurz vor Ende zugefügt, während die anderen Gewürze lange mit garen. Nicht alle frischen Kräuter sind hitzestabil, auch hier kann bei manchen Kräutern die Zugabe am Ende sinnvoll sein, während Rosmarin oder Thymian mitgekocht werden können.

Hauptgerichte mit Beilagen, Saucen

Speisen sind Kombinationen auf hohem Niveau. Die Partner können entweder separat gereicht werden (Konzept der Beilage) oder gemischt in Form von Auflauf oder Risotto. Ein Wok-Gericht mit Tofu und Gemüse stellt eine Zwischenstufe dar, da Gemüse und Tofu schon kombiniert sind, der Reis aber üblicherweise separat dazu gereicht wird. Bei besonderen Komponenten wird tendenziell versucht, die Partner separat zu lassen. Es stellt sich somit nicht nur die Frage, WAS miteinander kombiniert wird, sondern auch, WIE es gegessen wird. Werden mehrere Elemente gleichzeitig in den Mund genommen oder separat?

Bei der Kombination von Speisen gibt es große kulturelle Unterschiede, vor allem bei Fleisch. In Österreich wird Fleisch klassisch gemeinsam mit Stärke-Beilagen gegessen (Rindfleisch mit Semmelkren, Schweinsbraten mit Knödel), während in Italien Pasta oder Risotto als erster Gang (*il primo*

piatto), das Fleisch oder der Fisch als zweiter Gang (*il secondo piatto*) mit Brot serviert wird.

Speise und Getränk

Bei Speise und Getränk soll keiner der beiden Partner den anderen überlagern. Beide Partner sollen voneinander profitieren. Beispiele, welche Getränke zu welchen Lebensmitteln passen, werden weiter unten besprochen.

Konkrete Kombinationen unter die Lupe genommen

Wie können Sie herausfinden, welche Weine und Käse zusammenpassen oder wie Gemüsebeilagen den Fleischgeschmack verändern? Sie können kosten – Sie können sich aber auch in die Welt der Sensorik-Wissenschaft entführen lassen! Ich habe zahlreiche Studien recherchiert, die sich mit Kost-Paaren beschäftigt haben. Bei diesen Untersuchungen wurden sehr unterschiedliche Zugänge gewählt: Harmoniebewertungen durch Experten und Konsumenten im Vergleich, Tests mit speziell trainierten Verkostern, ausschließliche Verkostungen mit Konsumenten sowie sensorische und chemische Analysen in Kombination.

Ein Unterschied zwischen wissenschaftlichen Verkostungen und „normalen" Verkostungen liegt in der Anzahl und Art der Testpersonen, welche bei wissenschaftlichen Studien auf die Art der Fragestellung abgestimmt sind. Für manche Fragestellungen werden gezielt unerfahrene Gaumen eingesetzt, für andere Personen mit sprachlicher Kompetenz, und manchmal Experten mit Fachwissen.

Will man mit wissenschaftlichen Methoden untersuchen, wie sich Wein & Käse gegenseitig beeinflussen, und die Wechselwirkung von Inhaltsstoffen verstehen, muss auch die Menge und Temperatur von Wein & Käse konstant gehalten werden. Wenn einmal ein großes Käsestück mit einem Minischlückchen Wein kombiniert wird, der obendrein zu warm war, und bei einem anderen Probenpaar ein richtig temperierter Wein mit einem kalten Käsestück, ist fraglich, ob die empfundene Harmonie an der Temperatur oder der Kombination liegt. Bereits geringe Temperaturunterschiede beeinflussen Aroma und Geschmack drastisch. Ich habe im Zuge eines Weinworkshops zweimal den gleichen Wein, einen Weißburgunder, mit nur 2 °C Temperaturunterschied gereicht. Niemand erkannte die Weine als gleich!

Auch die Füllhöhe im Glas beeinflusst maßgeblich, wie der Wein wahrgenommen wird.

Üblich ist bei wissenschaftlichen Verkostungen auch eine zufällige Probenreihenfolge, um Positionseffekte zu vermeiden. Die erste Probe wird tendenziell anders bewertet, weil man noch keinen Vergleich hat und nicht weiß, was nachkommt. Meist finden objektive sensorische Analysen – d. h. Verkostungen, bei denen es nicht um persönliche Vorlieben der Verkoster, sondern um Beschreibung oder Unterschiedsbewertungen geht – in einem Sensoriklabor mit Einzelkabinen statt. Die Tester können sich dann nicht austauschen, und die Ergebnisse basieren auf einer statistischen Datenauswertung. Subjektive sensorische Analysen versuchen gezielt herauszufinden, was Konsumentensegmenten schmeckt.

Den Fundus an Studien habe ich durch eigene praktische Beobachtungen, durch Zeitschriftenartikel, Bücher, Webseiten und zuletzt durch eine Kochbuchanalyse erweitert. Die vorliegenden Erkenntnisse sind eine Mischung aus den genannten Quellen.

Speise & Getränk „au pair"

Tee ausschließlich zu Süßspeisen, Bier zu deftigen Fleischgerichten – diese Zeiten sind vorbei. Kosten Sie selbst!

Tee

Ich bin selbst Teesommelière. Tee alias Schwarztee, Grüntee oder Oolongtee, sowie teeähnliche Getränke aus Kräutern, Früchten, Blüten oder Gewürzen können mit Speisen aller Art kombiniert werden. Grüntee passt nicht nur zu japanischer Kost, sondern schmeckt auch zu heimischen Gerichten. Durch seine herbe Note passt er zu süßlichen Speisen, etwa Mehlspeisen oder Getreidegerichten. Japanischer *Matcha* (siehe Kapitel 2) wird von manchen bereits dem Kuchenteig beigemengt, in der Gastronomie[11] auch dem Brotteig. Schwarztee stellt mit fruchtigen Speisen ein mögliches Kost-Paar dar, und geräucherte Schwarztees wie der *Lapsang Souchong* harmonieren mit gegrillten oder geräucherten Speisen. Kräutertees passen zu jenen Gerichten, zu denen die Kräuter auch als Gewürz passen würden. Wird Couscous mit Nanaminze verfeinert, passt naturgemäß Tee mit Nanaminze gleich dazu. Der marokkanische *Thé à la Menthe*, ein stark gesüßter Grüntee mit Nanaminze, ist auch im Sommer aufgrund der Minze ein angenehm-erfrischendes Getränk.

11 Grünteebrot mit Matchatee, bei Kim kocht, www.kimkocht.at

Eine wissenschaftliche Untersuchung an der Wiener Universität für Bodenkultur ging der Frage auf den Grund, wie Madeleines und Lindenblütentee – die Kombination aus Marcel Proust's Roman *Auf der Suche nach der verlorenen Zeit* – zusammen schmecken, wenn jeweils ein Stück Madeleine auf einen Löffel gegeben und dieser kurz in Tee getaucht wird. Ausgewählte und geschulte Testpersonen bewerteten die Mischung anhand von acht Eigenschaften: Geschmack nach Kräutertee, Vanille, süß, vollmundig, nach Mandel/Marzipan, nach Zitrone, anhand der Zerfallsgeschwindigkeit der Madeleines und der Größe der zerfallenen Teile. Es wurde gezeigt, dass zuerst der Tee vordergründig ist, erst dann die Madeleine mit ihrer Süße und dem Vanillearoma.

Fruchtsaft

Saft und gefüllte Sandwich-Kekse schmecken vielen zusammen. Der Süßegrad von Keksen und Saft scheint für diese Harmonie jedoch unbedeutend zu sein. Für einen Geschmackstest wurde ungezuckerter roter Johannisbeersaft verdünnt und unterschiedlich stark gesüßt, ebenso wurde die Keksfüllung stärker oder schwächer gesüßt. Unabhängig von der Süßintensität wurden sämtliche Kombinationen aus Saft und Keks gleich gerne gemocht.

Bier

Bier passt nicht zur zu Gulasch, auch Bier & Desserts können ein spannendes Gespann sein. Karl Schiffner, dem ersten Biersommelier-Weltmeister des Jahres 2009, zufolge passt Bier hervorragend zu Speiseeis. Allerdings ist nicht jedes Bier mit jedem Eis gut kombinierbar, Biere mit Schokoladearomen können etwa mit Vanilleeis genossen werden. Der Verband der Brauereien Österreichs gab 2010 einen Bierfächer mit Empfehlungen heraus, welche von 34 Biersorten zu welchem Essen empfehlenswert sind. Da wird Pilsbier österreichischer Brauart, ein vollmundiges, hopfenbetontes, untergäriges Bier, unter anderem zu Torten und Kuchen empfohlen. Alkoholfreies Bier passt neben verschiedenen pikanten Gerichten auch zu Fruchtsorbets. Auch helles Weizenbier, ein fruchtaromatisches, obergäriges Vollbier, passt zum Eisbecher. Der Physiker Thomas Vilgis beschreibt in seinem Buch *Kochuniversität Geschmack* ein Birnen-Bier-Dessert, das aus Birnen, Schwarzbier, Kardamom, Butter und Isomalt besteht. Süße, Bitterkeit und Fruchtigkeit ergänzen sich dabei optimal.

Ein Blick nach Italien zeigt, dass Bier jedoch nicht so einfach mit italienischen Speisen harmoniert wie der traditionell dazu getrunkene Wein. Als neun traditionelle italienische Speisen in Kombination mit 18 kommerziell erhältlichen Bieren von italienischen Konsumenten und von Experten getestet wurden, erwies sich Bier meist als unpassender Partner. Sowohl Experten als auch Konsumenten fanden Bier als geschmacklich unattraktives Getränk zu Gemüsesuppe, Pilzrisotto, Meeresfrüchtesalat, Spaghetti mit Tomatensauce und geschmortem Fleisch. Konsumenten fanden außerdem Brathuhn als unpassend, Gegrilltes oder Geselchtes passten ihrer Meinung nach zwar etwas besser zu Bier, wurden aber immer noch nicht als ideal angesehen. Pizza mit Tomaten und Käse empfanden sie als die geeignetste Speise zu Bier. Die Experten fanden hingegen, dass Geselchtes sowie Pizza Margherita nicht gut mit Bier harmonierten, hingegen bewerteten sie Brathuhn und Gegrilltes als bessere Partner zu Bier. Das bedeutet, dass bei vielen, aber nicht bei allen Gerichten Einigkeit zwischen Experten und Konsumenten bestand. Für beide Gruppen war Bier nur zu wenigen italienischen Speisen ein passender Begleiter. Kombinationen haben in jedem Fall eine individuelle Note, schon alleine deshalb, weil nicht jeder Biertrinker jeden Biertyp gerne mag und persönliche Vorlieben der Biere einen offensichtlichen Einfluss darauf hatten, ob die Kombination als attraktiv empfunden wurde.

In Amerika wurden Kombinationen von Bier (Lager, dunkles Bier und Starkbier) und Pizza (die gleiche Pizza, einmal scharf und einmal mild) getestet. Das Lagerbier alleine, ohne Pizza, wurde von zwei Dritteln der Konsumenten bevorzugt, das dunkle Bier von etwa einem Viertel, und nur ganz wenige präferierten das Starkbier. Auch in Kombination mit der milden Pizza schnitt das Lagerbier eindeutig am besten ab. Das dunkle Bier war zweitbeste Option zur milden Pizza, Starkbier wurde auch in Kombination mit der milden Pizza von nur wenigen Konsumenten positiv bewertet. Mit der scharfen Pizza ergab sich jedoch ein völlig anderes Bild! Das Starkbier wurde nun von einem Drittel als positiv bewertet. Lagerbier wurde mit scharfer und milder Pizza als gleich passend empfunden. Dunkles Bier wurde in Kombination mit der würzigen Pizza als besser eingestuft als in Kombination mit der milden Pizzavariante. Es ist davon auszugehen, dass auch die Würzigkeit und Schärfe anderer Gerichte ebenso unterschiedliche Biertypen bevorzugen lässt. Männer und Frauen waren sich uneinig, welche Kombinationen gut harmonieren.

Wein

Den Kombinationen aus Wein & Speise wurden zahlreiche Studien gewidmet! Eine davon beschäftigte sich mit Wein & Meeresfrüchten, und lieferte damit eine bis dato ausstehende Erklärung für eine lange praktizierte Empfehlung. Chemische und sensorische Analysen bewiesen, warum es meistens, aber nicht immer, tatsächlich besser ist, Weißwein zu Meeresfrüchten zu genießen. Qualitätsrotweine sind durchschnittlich eisenreicher als

Qualitätsweißweine. Bei Kombination von Wein & Meeresfrüchten können Aromastoffe gebildet werden, die einen fischigen Nachgeschmack auslösen, wobei höherer Eisengehalt im Wein mit höherem fischigen Nachgeschmack einhergeht. Zudem können Säuren Eisenionen binden, sie sind dann nicht mehr verfügbar für die Bildung eines fischigen Geschmacks. Säurereiche Weißweine werden mitunter auch deshalb zu Fisch & Meeresfrüchten empfohlen. Selbst wenn Geschmackspräferenzen individuell sind – die Entstehung unerwünschter Eindrücke wie fischiger Nachgeschmack kann als allgemein gültige Disharmonie betrachtet werden!

Ansprechende Kombinationen von Fisch und Rotwein gibt es aber auch, etwa in Form der Forelle in Rotweinsauce.

Bei Käse und Wein hat sich ein ähnliches Bild wie bei Fisch herauskristallisiert – es sind in der Tat verstärkt Weißweine, vor allem jene mit Restsüße, die gut zu Käse passen. Rotweine passen am ehesten zu Schnitt- und Hartkäse. Die Gründe sind allerdings andere als bei Fisch. Käse enthält Säuren (vor allem Milchsäure), Salz, Bitterstoffe, Fett und Aromen. Wein enthält verschiedene Säuren, Tannine (Gerbstoffe, v. a. in Rotwein), Süße in Form von Restzucker, Alkohol und Aromen. Wie bereits erwähnt, sind es beim Geschmack eher Kontraste, die sich ergänzen. Bei Kombination von Wein und Käse können somit harmonische (+) und völlig unharmonische (–) Kombinationen resultieren.

KOMBINATION

Käse \ Wein	Säure	Gerbstoffe	Süße
Säure	–	+	+
Salz	–	+	+
Bitterstoffe	–	+	+
Fett	+	–	

Studien zu Wein & Käse aus unterschiedlichen Ländern führten zu folgenden Erkenntnissen:

- Harmonisch ist eine Kombination, wo keiner der beiden Partner dominiert. Je stärker der Wein über den Käse dominiert, desto unattraktiver wird ein Wein-Käse-Paar erlebt. Weißweine erweisen sich diesbezüglich öfter als bessere, gleichwertigere Partner als Rotweine. Bei zahlreichen Rotwein-Cheddar-Kombinationen wurde immer der Wein dominanter als der Käse empfunden.

- Kost-Paare aus Käse und Wein können zu einer Verschiebung der Vorlieben führen. In einer Untersuchung wurde ein Wein beim alleinigen Kosten abgelehnt, in Kombination mit Käse aber als attraktiv empfunden.
- Tanninreiche Rotweine werden oft als zusammenziehend, adstringierend empfunden, und dieses adstringierende Mundgefühl nimmt sukzessive zu, wenn mehrere tanninreiche Rotweine hintereinander genossen werden. Ursache für dieses Mundgefühl ist, dass Gerbstoffe des Weins mit dem Eiweiß des Speichels reagieren. Bei Kombination von Wein und Käse tritt dieser Effekt mit geringerer Wahrscheinlichkeit auf, da Tannine anstelle des Speichels nun mit dem Eiweiß des Käses reagieren können! Die Praxis bestätigt diese Theorie. Viele Studien zeigten, dass die Adstringenz von Rotwein nach Konsum verschiedener Käsesorten geringer wahrgenommen wird. Eine Ausnahme zur Regel stellt Mozzarella dar.
- Bei manchen Käse-Wein-Kombinationen (Weißwein und Blauschimmelkäse) beeinflussen einander beide Partner stark, bei anderen (Rotwein und Käse mit weißem Edelschimmel) modifizierte der Wein den Käsegeschmack stärker als der Käse den Weingeschmack.

Auch im Mundgefühl hat Käse einen Einfluss auf die Wahrnehmung von Wein.

Letztlich ist Wein & Sauce eine wichtige Kombination. Spargel mit Sauce Hollandaise ist ein Muss im Frühling, ein Hochgenuss, und durch entsprechende Weinbegleitung wird daraus eine regelrechte SINNfonie. Das Österreichische Weinmarketing und Gault Millau empfehlen in Barrique ausgebauten Chardonnay, kräftige Weiß- oder Grauburgunder sowie Grünen Veltliner Smaragd oder Reserve als ideale Partner zu Spargel mit Sauce Hollandaise. Der Fettgehalt und die Butteraromen der Sauce erfordern einen durchaus kräftigen Wein.

Chardonnay und Sauce Hollandaise mit unterschiedlichen Fettgehalten wurden auch in einer wissenschaftlichen Studie verkostet, allerdings ohne Spargel. Es zeigte sich, dass Sauce Hollandaise den Geschmack von Weißwein viel stärker beeinflusste als umgekehrt.

Speisen oder Zutaten „au pair"

Käse + ...

Zahlreiche spannende Käsekombinationen gibt es auch abseits von Wein. Nicht nur Nüsse, Trauben und Birnen, sondern auch Honigsorten, Trockenfrüchte, frische Feigen und ausgewählte süße Chutneys können gute Ergänzungen zu Käse sein. Vor allem die Vielfalt heimischen Sortenhonigs ermöglicht attraktive und spannende Paare mit Käse. Nicht umsonst sind Käse & Honig Titelfoto dieses Buches geworden. Die Kombination kommt auch bei Personen mit anfänglicher Skepsis äußerst gut an! In Frankreich ist Ziegenkäse mit Honig ohnehin ein bekannter Klassiker.

Wer denkt bei Käse gleichzeitig an Schokolade? In der Tat ergeben manche Kombinationen aus Käse und Schokolade äußerst spannende Kreationen. Eine Verkostung in der Zeitschrift GENUSS.Käse.pur im Jahr 2008 zeigte, dass weiße Schokolade durch ihre unaufdringliche Süße und dezenten Vanillenoten zu frischen und säuerlichen Käsen sowie zu Blauschimmel oder dem norwegischem Karamellkäse *Gejtost* gut passt. Milchschokolade ergab mit verschiedenen Käsen mittlere Bewertungen.

Dadurch inspiriert habe auch ich verschiedene Käse-Schokolade-Kombinationen im Zuge zweier Verkostungsrunden getestet. In Verkostung 1 wurden drei Käsesorten und drei Schokoladen verkostet und alle Kombinationen von den Testern an einer Beliebtheitsskala (9 = mag ich außerordentlich gerne, 1 = mag ich überhaupt nicht gerne) bewertet. Die Käse waren Kuhmilch-Mozzarella, Gruyère[12] und Österkron,[13] dazu wurden jeweils eine weiße, eine Vollmilch- und eine dunkle Schokolade verkostet. Die Kombination von weißer Schokolade & Österkron wurde am besten bewertet, gefolgt von weißer Schokolade mit Gruyère und Milchschokolade mit Gruyère. In Verkostung 2 wurden Käse-Schoko-Kombinationen aus englischem Farmhouse Cheddar, Schweizer Gruyère, Doppelschimmelkäse Bavaria Blu[14] und einer weißen, einer Vollmilch- und einer dunklen Schokolade in exquisiten Qualitäten verkostet. Die Tester bewerteten im Durchschnitt die Akzeptanz aller Käse mit der weißen Schokolade am besten. Selbst die durchschnittlich besten Kombinationen polarisierten allerdings stark.

Neben Käse & Honig und Käse & Schokolade bin ich kürzlich in Varg Gyllander's schwedischem Krimi *Der lächelnde Mörder* auf eine dritte

12 Schweizer Hartkäse aus Kuh-Rohmilch
13 kräftiger österreichischer Käse aus pasteurisierter Kuhmilch mit Blau- und Grünschimmel
14 Deutscher Doppelschimmelkäse mit weißem Edelschimmel außen und Blauschimmel innen

Dessert einmal anders – Käse mit Schokolade. Weiße Schokolade schmeckt den meisten allerdings besser zu würzigen Käsen als dunkle Schokolade.

Kombination gestoßen, die spannend anmutet: Roquefort[15] & Lebkuchen.[16] Diese beiden Lebensmittel sind das einzige, was Hauptfigur Ulf Holtz von der Kriminalpolizei zu Hause hat und seiner Besucherin aufwarten kann. Er erklärt ihr: „Ich habe mir sagen lassen, dass das essbar sein soll, auch wenn es im ersten Moment etwas absonderlich wirkt.“ Jahreszeitlich bedingt habe ich diese Kombination selbst noch nicht gekostet. Chemische Aromastoffanalysen bescheinigen der Kombination aber Vielversprechendes. Laut Webseite foodpairing.be harmoniert Blauschimmelkäse durch gemeinsame Aromastoffe mit Ingwer und Nelken, die typische Lebkuchengewürze sind.

Fleisch + Gemüse

Die Bezeichnung Beilagen impliziert etwas Nebensächliches. In der Tat können Beilagen aber die Wahrnehmung der Hauptzutat drastisch beeinflussen. Süße Karotten, gesalzene Kartoffeln, bittere Blattgemüse wie Rucola und Radicchio und sauer eingelegte Gurken oder rote Rüben[17] treten mit ihren Geschmacksrichtungen in Wechselwirkung mit jenen von Fleisch oder Fisch. Wie diese Gemüse den Geschmack von Schweinefleischlaibchen beeinflussen, war daher Thema zweier Experimente. In der ersten Untersuchung wurde der Einfluss der einzelnen Gemüse auf den Fleischgeschmack untersucht, in der zweiten dann Kombinationen von zwei oder drei Gemüsen mit unterschiedlichen Geschmacksrichtungen. Das Ergebnis ist insofern span-

15 französischer Blauschimmelkäse aus Schafmilch
16 Pfefferkuchen
17 Rote Bete

nend, als der deutliche Einfluss einzelner Gemüse auf den Fleischgeschmack **durch Kombination mehrerer Gemüse oft neutralisiert** wurde – etwa der Effekt von Rucola auf den Fleischgeschmack!

Einzeln gereicht, hatten süße Gemüse nur einen marginalen Einfluss auf den Fleischgeschmack, indem sie dessen Bitterkeit leicht reduzierten. Sie stellen eher eine Art neutrale Beilage dar. Salzige Kartoffeln reduzierten vor allem den bitteren Geschmack, eine leichte Erhöhung des metallischen und säuerlichen Geschmacks der faschierten Fleischlaibchen[18] wurde nur bei Kartoffeln mit geringerer Salzmenge, nicht aber bei stärker gesalzenen Kartoffeln bemerkt. Sauer eingelegte Gemüse reduzierten den säuerlichen[19] und metallischen Geschmack der Fleischlaibchen, den Geschmack nach Gebratenem und nach Schwein, erhöhten jedoch den sauren Geschmack. Die bitteren Gemüse erhöhten die Bitterkeit und verringerten den Geschmack nach gebratenem Fleisch und nach Schwein, Rucola reduzierte zusätzlich den süßen und salzigen Geschmack der Fleischlaibchen. Kombinationen von Salzkartoffel & sauren Gurken sowie von Salzkartoffel & Rucola reduzierten beide den Schweinegeschmack. Saure Gurken & Rucola hatten den größten Einfluss, sie reduzierten den Geschmack nach gebratenem Fleisch, nach Schwein und den metallischen Geschmack. Die Trilogie aus Kartoffel, Rucola und Gurken reduzierte nur den Geschmack nach gebratenem Fleisch.

… + Gewürze

Ein Verständnis über harmonische Kost-Paare mit Gewürzen ist relevant für alle, die gerne nach Kochrezept kochen und außerhalb der Geschäftsöffnungszeiten realisieren, dass sie nicht alle Gewürze zu Hause haben. Ein passendes Gewürz durch ein anderes zu ersetzen bedeutet, dass auch die neue, alternative Kombination ein ähnlich harmonisches Paar ergeben soll – oder dem ursprünglich angedachten Gewürz sehr ähnlich ist.

Für die Ähnlichkeit im Geruch, unter Ausschaltung der Farbe der Gewürze, d. h. beim Riechen unter Rotlicht, habe ich vor einigen Jahren basierend auf Tests mit Studierenden folgende Aromalandkarte für Gewürze erstellt. Gewürze, die näher beieinander liegen, riechen ähnlicher als solche, die weiter auseinanderliegen. Die Farbe der Gewürze wurde beim Riechtest durch das Rotlicht ausgeschaltet.

18 Hackfleischlaibchen, der Frikadelle ähnlich
19 Es wurde zwischen säuerlichem (mild-aromatische, retronasal wahrnehmbare Säure wie z. B. bei Buttermilch) und saurem Geschmack (wie Essigsäure) unterschieden.

Olfaktorische Gewürzlandkarte. Gewürze, die näher beieinander liegen, haben einen ähnlicheren Geruch als solche, die weiter entfernt liegen. Die dritte Dimension (helle bis dunkle Schriftfarbe) ist ebenso zu beachten! Ähnlich sind zum Beispiel Anis und Fenchel, Sternanis liegt auch in der Nähe dieser beiden Gewürze, ist aber in der dritten Dimension etwas entfernter, d. h. nicht ganz so ähnlich wie Anis und Fenchel zueinander.

Essquisit – Wie Köche kombinieren

Was aber machen (bekannte) Köchinnen und Köche? Sind Muster erkennbar, dass bestimmte Zutaten häufig kombiniert werden? Um diese Frage zumindest in Ansätzen beantworten zu können, habe ich zahlreiche Kochbücher – vorwiegend von Haubenköchen – durchforstet sowie Internetrezepte ausgewertet und dabei konkret nach folgenden Kombinationen gesucht:

- Süßspeisen mit Kräutern und Blüten (wobei die Kräuter mehr als nur Dekoration sein mussten)
- Pikante Speisen mit Vanille

Meine „Auswertung" hat selbstverständlich keinerlei Anspruch auf Vollständigkeit. Mein Ziel war ausschließlich, Kombinationen sichtbar zu machen, die öfter vorkommen – dies kann und soll der Inspiration für etwaige eigene Kreationen dienen!

Süßspeisen mit Kräutern

Über 100 Rezepte aus Kochbüchern, ergänzt durch 40 Internetrezepte, dienen als Basis für die vorliegende Auswertung. Köchinnen und Köche nützen die Sorten-Vielfalt der Kräuter: Apfelminze & Pfefferminze, Goldmelisse & Zitronenmelisse, Thymian & Zitronenthymian, Salbei & Ananassalbei wurden unter anderem verwendet. Holunderblüten, Löwenzahnblüten, Veilchen, Mädesüß, Lavendelblüten, Orangenblütenwasser, Rosen- oder Jasminblüten zählen zu den verwendeten Blüten.

- Minze ist das am häufigsten eingesetzte Kraut – knapp ein Drittel der gefundenen süßen Rezepte mit Kräutern enthielt eine Minzart. Von den Blüten ist die Holunderblüte die häufigste.
- Süßspeisen und Desserts, die aus einer Kombination von Schokolade und Kräuter bestehen, enthalten meist Minzen. Zwei Drittel aller Schokoladedesserts enthielten Minze, oft in Form von Eis, Schaum oder Minz-Saucen bzw. Minz-Likör zu Schokodesserts.
- Sind in einem Gericht Honig oder Ahornsirup sowie Kräuter enthalten, ist überdurchschnittlich oft Thymian vertreten.
- Melisse und Vanille sind häufige Partner.
- Lavendel ist in eher fettreichen Gerichten wie Tiramisu oder Panna Cotta präsent. Wer Lavendel mag, kann altbewährte Dessertklassiker damit probieren.
- Basilikum wird immer mit Milchprodukten kombiniert – mit Obers,[20] Joghurt, Milch, Topfen.[21]
- Süßspeisen, die Basilikum oder Lavendel enthalten, enthalten oft auch Nüsse.
- Beerenfrüchte werden gerne mit Minzen, Basilikum, Melissearten kombiniert.
- Rezepte mit Waldmeister enthalten fast immer Zitrusfrüchte (Zitrone, Limette).
- Werden Gewürze und Kräuter in einem Dessert kombiniert, kommt Zitronengras oft als Kraut zum Einsatz – mit den Gewürzen Ingwer, Zimt, Muskat und Sechuanpfeffer kombiniert. Auch Thymianarten werden mit scharfen Gewürzen (Ingwer, Pfeffer, Kardamom) kombiniert.
- Die Hälfte aller süßen Speisen, die Kräuter enthalten, enthalten auch Alkohol. Speisen mit Holunderblüten enthalten besonders häufig Alkohol.

20 Sahne
21 Quark

Auf Basis dieser Aufzählung können Sie bestehende Rezepte mit Kräutern anreichern und verfeinern. Auch spannende Marmeladenkompositionen aus Beeren und Kräutern liegen auf der Hand. Mein persönlicher Marmeladen-Favorit ist aber keine Beeren-Kräuter-Komposition, sondern Pfirsich-Rosmarin-Marmelade.

Pikante Speisen mit Vanille

In geringerem Ausmaß als bei den Kräutern habe ich auch versucht, Vanille – dem universell wohl beliebtesten Gewürz – bei pikanten Speisen auf den Grund zu gehen. Rezepte aus Kochbüchern und aus dem Internet haben gezeigt, dass Vanille mit den unterschiedlichsten Lebensmitteln kombinierbar ist:

- Fleisch: Hirsch, Ente, Gänseleber, Perlhuhn, Kalbsstelze, Beiried, Pute, im Grillgewürz
- Fisch: Meeresfische, Meeresfrüchte, Lachsforelle
- Hülsenfrüchte: Linsen, Bohnen, Fisolen[22], Sojasprossen
- Kartoffeln
- Gemüsesorten: Karotten, Tomaten, Pilze, Kohlgewächse (Kohlsprossen,[23] Chinakohl, Weißkraut[24]), Sellerie, Stangensellerie, Spargel, Lauch und Zwiebel

„... meine Liebe zu den Jahreszeiten, die unbändige Lust, mit Produkten liebevoll umzugehen oder die Überzeugung, in Düften und Aromen liege das Geheimnis meiner Lebensfreude verborgen … Bedenke: Wer kocht, macht so leicht keine anderen Dummheiten!“[25]

In diesem Sinne – viel Spaß beim Kochen und beim Probieren neuer Kombinationen!

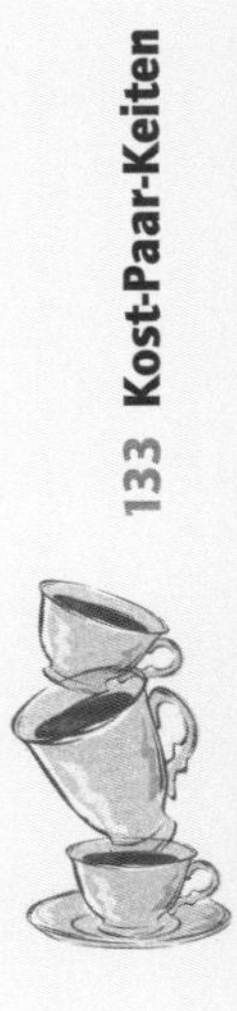

22 Grüne Bohnen
23 Rosenkohl
24 Weißkohl
25 Jane Newdick

4 Ansichten von Genussmenschen

4 Ansichten von Genussmenschen

Sieben Fragen, sieben Interviewpartner!

Nach der Analyse von Kochbüchern kommen nun ein Koch und eine Köchin selbst zu Wort: Jahrhundertkoch Eckart Witzigmann sowie Krimiautorin und Köchin Eva Rossmann.

Dann geben uns Personen, die sich mit regionalen Genüssen beschäftigen, ihre Ansichten bekannt: Slow Food Conviviumleiterin Weinviertel Gabriele Gansler und die Architektin, Redakteurin und mehrfache Gartenbuchautorin Ute Woltron.

Abt Martin Josef Felhofer vom Stift Schlägl nimmt unter anderem Stellung zum Thema Fastenzeit und Genuss.

Eine Genussperspektive von Wissenschaftlern kommt von der Initiatorin des österreichischen Genussbarometers Marlies Gruber und vom Psychologen und Initiator der Genusstherapie „Die kleine Schule des Genießens", Rainer Lutz.

Ihnen allen habe ich sieben Fragen gestellt. Sechs der sieben Fragen waren identisch:

- **Welche fünf Begriffe verbinden Sie persönlich mit Genuss?**
- **Eine Aussage des griechischen Philosophen Epikur lautete: „Man muss eher darauf achten, mit wem man isst und trinkt, als was man isst und trinkt. Denn ohne einen Freund gleicht das Leben der Nahrungsaufnahme eines Löwen und eines Wolfes." Wie stehen Sie zu dieser These?**
- **Auf Essen und Trinken bezogen – worin liegt in Ihren Augen der Unterschied zwischen Genuss und Lust?**
- **Was macht ein Lebensmittel zum Genussmittel?**
- **Welche Speisenkombination war bisher Ihr ultimativer kulinarischer Genuss?**
- **Sehen, Riechen, Schmecken, Hören, Fühlen – Genuss ist ein sehr sinnliches Erlebnis. Angenommen, Sie müssten sich gegen einen Sinn entscheiden: Welchen Sinn würden Sie am ehesten opfern?**

Die Antworten auf die Fragen sind sehr divers, sie zeigen einmal mehr, dass Genuss individuell ist! Die Zustimmung zu Epikurs Aussage ist unterschiedlich ausgeprägt. Ultimative Genüsse liegen oft im Einfachen.

Spannend war für mich persönlich die Antwort auf die Frage, welcher Sinn am ehesten aufgegeben würde. Diese Frage habe ich ironischerweise in der besinnlichen Weihnachtszeit bei Freunden aufgeworfen, und dabei ist eine lange und sehr spannende Diskussion entstanden, über die später noch oft gesprochen wurde. Letztlich waren wir uns nicht einig, auf welchen Sinn man im Zweifelsfall am ehesten verzichten könnte. Das waren sich auch meine InterviewpartnerInnen nicht.

Die siebte Frage war individuell.

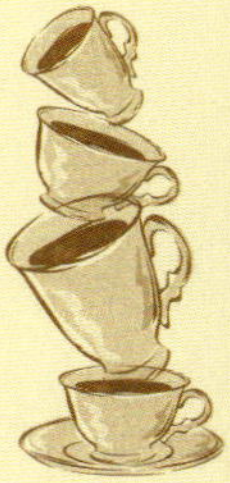

Prof. Dr. h.c. Eckart Witzigmann

- **Jahrhundertkoch**
- **www.eckart-witzigmann.de/jahrhundertkoch/portrait**

Der 1941 geborene Österreicher Eckart Witzigmann wurde in den besten Häusern der Welt ausgebildet. 13 Jahre verbrachte er im Ausland, bevor er 1971 mit dem Münchner „Tantris" die Küche in Deutschland revolutionierte. 1978 eröffnete Eckart Witzigmann sein eigenes Lokal „Aubergine" in München. Künstler, Könige und Gourmets aus aller Welt kamen in Folge nach München, um seine Kochkunst zu erleben und zu genießen. Als erstes Lokal in Deutschland erhielt die „Aubergine" 1979 drei Michelin-Sterne, die bis zur Schließung des Restaurants 1993 jährlich an Eckart Witzigmann verliehen wurden. 1994 wurde Witzigmann von „Gault Millau" zum „Koch des Jahrhunderts" gekürt, der höchsten Auszeichnung der Kochwelt.

Witzigmann entwickelte nach einer Idee von Red Bull Chef Dietrich Mateschitz das Konzept für das Restaurant „IKARUS - Hangar 7" am Salzburger Flughafen. Der „Internationale Eckart Witzigmann-Preis" wird seit 2004 alljährlich für herausragende Persönlichkeiten in Kunst, Kultur und Kulinaristik verliehen. Die schwedische Universität Örebro ernannte Eckart Witzigmann 2007 zum Professor und Ehrendoktor.

Welche fünf Begriffe verbinden Sie persönlich mit Genuss?

Ich will Genuss nicht auf eine Anzahl von Begriffen einschränken und reduzieren, dazu ist mein persönlicher Genuss zu diversifiziert und vielschichtig. Für mich hat Genuss zu allererst mit „Wohlfühlen" zu tun. Und dabei kann ein Luxusrestaurant den gleichen Stellenwert einnehmen wie eine Berghütte oder ein Lagerfeuer. Was nutzt das beste Essen im schönsten Restaurant, wenn ich mich mit den Leuten am Tisch nicht verstehe? Für mich ist Genuss so ein Sammelbegriff für pauschales Wohlbefinden, es kann ein Genuss sein aufs Meer zu schauen oder bei blauem Himmel und perfektem Schnee abzufahren. In meiner Welt muss es sich nicht immer um Essen handeln.

- **Eine Aussage des griechischen Philosophen Epikur lautete: „Man muss eher darauf achten, mit wem man isst und trinkt, als was man isst und trinkt. Denn ohne einen Freund gleicht das Leben der Nahrungsaufnahme eines Löwen und eines Wolfes." Wie stehen Sie zu dieser These?**
  Ich halte den Herrn von jeher für den eigentlichen Erfinder des Gastrojournalismus, der hat bereits vor mehr als 2.300 Jahren Interessantes über Essen und Trinken gesagt und niedergeschrieben. Zu dem von Ihnen zitierten Satz habe ich allerdings eine kleine Differenzierung. Zu Epikurs Zeiten gab es keine Diskussionen über BSE, Dioxin oder Gammelfleisch, diesen Satz hätte ich damals auch unterschrieben. 2011 halte ich es für mindestens so wichtig und essentiell was man isst, als mit wem man isst. Aber wie bereits vorher gesagt, wenn alles passt, beginnt der Genuss.

- **Auf Essen und Trinken bezogen – worin liegt in Ihren Augen der Unterschied zwischen Genuss und Lust?**
  Gibt es da einen Unterschied? Für mich sind das eineiige Zwillinge, Genuss und Lust gehören zusammen, die Grenzen sind fließend, das eine funktioniert nicht ohne das andere.

- **Was macht ein Lebensmittel zum Genussmittel?**
  Die perfekte Zubereitung!

- **Welche Speisenkombination war bisher Ihr ultimativer kulinarischer Genuss?**
  Ich habe viele wunderbare Speisenkombinationen erlebt, probiert und genossen. Aber ich habe stets die Hoffnung, das kann noch nicht alles gewesen sein ...

- **Sehen, Riechen, Schmecken, Hören, Fühlen – Genuss ist ein sehr sinnliches Erlebnis. Angenommen, Sie müssten sich gegen einen Sinn entscheiden: Welchen Sinn würden Sie am ehesten opfern?**
  Diese Vorstellung ist so schrecklich, damit will ich mich nicht auseinandersetzen. Ich halte jeden dieser Sinne für essentiell und kostbar und hoffe, dass sie mir allesamt erhalten bleiben.

INDIVIDUALFRAGE: Was inspiriert einen Jahrhundert-Koch immer wieder zu neuen Kreationen?
Die Neugierde und ein klein wenig die Unzufriedenheit, ob man nicht doch gewisse Dinge noch besser machen könnte.

Eva Rossmann

- **Autorin und Köchin**
- **www.evarossmann.at**

1962 in Graz geboren, lebt Eva Rossmann heute im Weinviertel. Zuerst Verfassungsjuristin im Bundeskanzleramt, danach freie Journalistin, von 1989–1994 Leiterin der Wiener Redaktion der Oberösterreichischen Nachrichten, seit 1994 freiberufliche Autorin. 1997 war sie Mitinitiatorin des österreichischen FrauenVolksBegehrens, 2000 wurde sie „Kommunikatorin des Jahres", 2006 zur „Weinviertel Botschafterin" ernannt.

Eva Rossmann ist Autorin zahlreicher Sachbücher, seit 1999 Autorin von Kriminalromanen. Jährlich erscheint ein Krimi rund um die Hauptfigur Mira Valensky, eine Wiener Journalistin, und ihre bosnisch-stämmige Putzfrau und Freundin Vesna Krajner. Eva Rossmanns Krimi „Russen kommen" wurde zum österreichischen Buchliebling 2009 in der Kategorie Krimi & Thriller gewählt. Für ihren Kriminalroman „Ausgekocht" (2003) hat sie in Buchingers Gasthaus „Zur Alten Schule" recherchiert, und arbeitet seither dort, wenn immer es ihre Zeit erlaubt, mit. Seit 2004 ist sie staatlich geprüfte Köchin. Ein Kochbuch zur Krimiserie, „Mira kocht", erschien 2007. Eva Rossmann ist außerdem Drehbuchautorin und Moderatorin der ORF-Diskussionssendung „Club 2". Ihr Krimi „Unterm Messer" erscheint zeitgleich mit diesem Buch in September 2011.

Welche fünf Begriffe verbinden Sie persönlich am stärksten mit Genuss?

Sonne. Das richtige Glas Wein mit den richtigen Menschen. Ein Geschmackserlebnis, das einen aus dem Alltag katapultiert. Körperlich und geistig gleichermaßen berührt zu werden. Einen Satz, der plötzlich eine Welt öffnet.

Eine Aussage des griechischen Philosophen Epikur lautete: „Man muss eher darauf achten, mit wem man isst und trinkt, als was man isst und trinkt. Denn ohne einen Freund gleicht das Leben der Nahrungsaufnahme eines Löwen und eines Wolfes." Wie stehen Sie zu dieser These?

Ich bin offenbar unbescheidener als Epikur. Ich möchte mit Freundinnen und Freunden das essen, was uns schmeckt, das trinken, was uns gemeinsam genießen lässt. Ich halte es für sehr wichtig, was man isst und trinkt – und ich sehe es als Zeichen der Wertschätzung und Zuneigung meinen Freunden gegenüber, wenn wir Gutes miteinander teilen. Aber mit einem hat Epikur natürlich recht: Allein ist Essen maximal halb so schön.

Auf Essen und Trinken bezogen – worin liegt in Ihren Augen der Unterschied zwischen Genuss und Lust?

Genuss hat nicht nur, aber auch mit dem Kopf zu tun. Ich genieße bewusst: Ich freue mich über das Gute. Bei der Lust wird der Kopf weitgehend ausgeschaltet. Ich lasse mich fallen, gebe mich hin, Lust hat etwas Animalisches, kennt keine Grenzen – ja, ich rede immer noch vom Essen.

Was macht ein Lebensmittel zum Genussmittel?

Sicher nicht irgendwelche Einteilungen laut Gesetz oder durch die Nahrungsmittelkunde oder auch danach, was uns „sättigt“ und was uns „nur“ erfreut. Was Genussmittel ist, unterscheidet sich von Mensch zu Mensch. Süßes fällt – mit Ausnahme guter, sehr dunkler Schokolade – für mich zum Beispiel nicht darunter. Dafür ist Chili in vielen Varianten für mich ein echtes Genussmittel. Ich koche ja auch beim Buchinger in der „Alten Schule“, und dort ist uns ganz wichtig, dass wir nicht irgendwelche Produkte verwenden, sondern solche, die mit unserer Umgebung und unserem Leben zu tun haben: die von den Bauern rundum kommen, die nicht weit reisen mussten, die frisch sind – auch das hat für mich unmittelbar mit Genuss zu tun: der respektvolle Umgang mit dem, was wir essen und den Menschen, die das produzieren.

Welche Speisenkombination war bisher Ihr ultimativer kulinarischer Genuss?

Ich will beim Essen nichts absolut setzen, meine größten Genüsse hatten auch – und da sind wir doch wieder bei Epikur – mit Gemeinschaftserlebnissen zu tun. Etwas, das mich immer entzücken kann: duftende heiße Erdäpfel mit Bauernbutter und Fleur de Sel. Oder eine echte zypriotische Meze mit dieser Vielfalt an Tellerchen und Geschmäckern. Oder wenn wir beim Buchinger die Knochen eines Freilandschweines oder von einem Gallowayrind für den Jus rösten, das Blech frisch aus dem Ofen kommt und ich das daran haftende Fleisch und knusprige Fett einfach mit den Fingern abzupfe und esse. Ein Wahnsinn! Oder ein Heurigenabend beim Wallner mit meinem Mann, Gerda, Joschi, Manfred, Renske und natürlich Herkules. Sorry, dass ich keine spektakulären Gerichte nenne, natürlich kann mich da vieles entzücken, zum Beispiel vor kurzem in der Nähe von London ein Nockerl aus Kokos, Koriander, Chili und einer winzigen Menge Erdäpfel, aber wenn es ums Ultimative geht, lande ich eher bei dem, was als „einfach" gilt.

- **Sehen, Riechen, Schmecken, Hören, Fühlen – Genuss ist ein sehr sinnliches Erlebnis. Angenommen, Sie müssten sich dauerhaft gegen einen Sinn entscheiden: Welchen Sinn würden Sie am ehesten opfern?**
  Das ist eine grauenvolle Vorstellung. Da ich doch über eine gewisse Fantasie verfüge, krieg' ich schon bei der Überlegung, welchen Sinn ich opfern sollte, eine Gänsehaut. Vielleicht ließe sich das Fühlen noch am ehesten durch eine Kombination aus Schmecken, Riechen, Sehen, Hören ersetzen...

INDIVIDUALFRAGE: In Ihren Krimis haben Kochen und Genießen einen wesentlichen Stellenwert, und auch manche andere KrimiautorInnen setzen auf diese Kombination. Warum harmonieren „böse" Krimis und „gutes" Essen?
In Kriminalromanen geht es um eine Zuspitzung auf das Äußerste: nämlich auf Leben und Tod. Was liegt also näher, dem Tod etwas entgegenzusetzen, das unmittelbar mit dem Leben zu tun hat? Essen ist ja, sofern wir Glück haben und in einem Teil der Welt leben, in dem es nicht bloß ums Nichtsterben geht, mehr als Überlebensnotwendigkeit, es ist eben Genuss, ein wichtiger Teil guten Lebens. Und was meine Krimis angeht, dann ist es einfach auch so, dass ich meiner Hauptfigur Mira einiges Biographische geborgt habe. Also kocht und isst sie gern, denkt dabei über ihre Fälle nach, bekocht Freundinnen und Freunde, setzt ihre Küche bisweilen auch ein, um Menschen einzuwickeln, auszuhorchen – und um sich selbst etwas Gutes zu tun. „Mit einer Hummerterrine fühle ich mich nie so allein wie mit einem alten Wurstbrot", sagt sie im Krimi „Freudsche Verbrechen". Vielleicht ist das der schönste Genuss: sich und anderen durch Essen und Trinken Gutes zu tun.

Gabriele Gansler

- **Conviviumleiterin Slow Food Weinviertel**
- **www.slowfood-weinviertel.at**
- **gg@slowfood-weinviertel.at**

Slow Food® Weinviertel

Gabriele Gansler, CMC (Certified Management Consultant) leitet eine KMU-Beratung in Korneuburg, mit Fokus auf nachhaltiger Unternehmensberatung und Projektbegleitung sowie CSR-Beratung.

„Meine ‚Werkstatt für nachhaltige Unternehmensberatung' ist ein humanes Managementsystem, das Nachhaltigkeit sichert. Meine Arbeit basiert auf Transparenz, Fairness und Respekt vor individuellen Werten, dem schonungsvollen Umgang mit natürlichen Ressourcen.
Die Hauptziele meiner Arbeit für Slow Food sind die Erhaltung der Biodiversität und der biokulturellen Diversität im Weinviertel. Mit Unterstützung meiner lokalen Arbeitsgruppen arbeite ich auch daran, die Position der Lebensmittelhandwerker im Weinviertel, deren gut, sauber & fair hergestellte Spezialitäten, des lokalen Handwerks und des Gewerbes zu stärken. Slow Food Weinviertel veranstaltet regelmäßig mit seinen Netzwerkpartnern Events, u. a. zu den Themen Genuss und gesunde Ernährung sowie jährliche Sommergespräche zu brandaktuellen Themen."

Welche fünf Begriffe verbinden Sie persönlich mit Genuss?
Zeit haben. Zeit haben, um was Gutes zu essen. Gute Sachen essen, riechen, schmecken. Noch besser, wenn die Lebensmittel einheimisch sind. Ich freu' mich schon auf die neue Saison, auf Spargel und Erdbeeren!

Eine Aussage des griechischen Philosophen Epikur lautete: „Man muss eher darauf achten, mit wem man isst und trinkt, als was man isst und trinkt. Denn ohne einen Freund gleicht das Leben der Nahrungsaufnahme eines Löwen und eines Wolfes." Wie stehen Sie zu dieser These?
Das sehe ich nicht so. Natürlich ist es wichtig, mit angenehmen Menschen zu essen, aber ich achte sehr darauf, was ich esse. Ich habe es aber gerne, wenn die Leute, mit denen ich esse, es schätzen, wenn man etwas wirklich Gutes isst.

- **Auf Essen und Trinken bezogen – worin liegt in Ihren Augen der Unterschied zwischen Genuss und Lust?**
  Genuss ist, wenn ich mich hinsetze, mir Zeit nehme, und dann das esse, worauf ich wirklich Gusto habe.
  Lust ist, wenn ich zwischendurch esse, etwas, worauf ich kurzfristig Lust habe, das man im Prinzip aber streichen könnte, um später etwas Gutes zu essen. Ich denke an Wurstsemmel oder Süßes zwischendurch.
  Etwas Schokolade am Abend zum Relaxen ist hingegen wieder ein bewusster Genuss!

- **Was macht ein Lebensmittel zum Genussmittel?**
  Wenn es mir schmeckt, und wenn ich mich darauf freue, es zu essen.

- **Welche Speisenkombination war bisher Ihr ultimativer kulinarischer Genuss?**
  Da gab es einige tolle Kombinationen! Dunkle Schokolade mit Erdbeermark oder mit Zwetschkenlikör, das war unglaublich! Käse mit Honig oder mit Pesto und Öl. Und ein Sulmtaler Huhn im Kreise von UNISG-StudentInnen beim Koschak, das am besten schmeckt, wenn man es mit den Fingern isst!

- **Sehen, Riechen, Schmecken, Hören, Fühlen – Genuss ist ein sehr sinnliches Erlebnis. Angenommen, Sie müssten sich gegen einen Sinn entscheiden: Welchen Sinn würden Sie am ehesten opfern?**
  Schwierige Frage! Nach reichlicher Überlegung verzichte ich auf keinen meiner Sinne.

INDIVIDUALFRAGE: Welches Lebensmittel ist Ihrer Meinung nach ein wertvolles Genussprodukt, obwohl es den Slow Food Gedanken NICHT transportiert?
Diese Frage kann ich nur global beantworten, nicht auf ein Produkt bezogen. Wenn es irgendwelche Gründe gibt, warum ein Lebensmittel nicht BIO hergestellt werden kann, z. B. Obst von Streuobstwiesen, oder ein Produkt, bei dem man mit BIO keine Ernte zusammenbringt, ist auch die konventionelle Variante vertretbar. Dazu stehe ich. Oder auch, wenn ein Bioprodukt von weit her importiert werden müsste. Im letzteren Fall ist mir ein regionales Lebensmittel lieber als ein Bioprodukt mit weiter Reise.

Dipl.-Ing. Ute Woltron

• Spezialistin für Gartengenüsse

Dipl.-Ing. Ute Woltron, Studium der Architektur an der Technischen Universität Wien, Redakteurin bei Trend, Profil, Der Standard, derzeit Die Presse. Mitarbeiterin ORF Kulturradio Ö1. Konsulentin der BIG (Bundesimmobiliengesellschaft) für Architektur und Kunst. Autorin mehrerer Bücher mit Schwerpunkt Garten. Zuletzt erschienen „99 Genüsse, die man nicht kaufen kann", Verlag Brandstätter.

Welche fünf Begriffe verbinden Sie persönlich mit Genuss?
Selbstbestimmtheit, Freiheit, Frieden, Freundschaft, Lebensfreude

Eine Aussage des griechischen Philosophen Epikur lautete: „Man muss eher darauf achten, mit wem man isst und trinkt, als was man isst und trinkt. Denn ohne einen Freund gleicht das Leben der Nahrungsaufnahme eines Löwen und eines Wolfes." Wie stehen Sie zu dieser These?
Epikur ist ein strahlender Leitstern. Auch in diesem Fall lenkt er das Licht auf das Wesentliche. Wenn aber das gemeinschaftlich Verzehrte zudem noch vom Köstlichsten ist, so ist das auch nicht abträglich.

Auf Essen und Trinken bezogen – worin liegt in Ihren Augen der Unterschied zwischen Genuss und Lust?
Genuss ist das Essen und Trinken. Die Lust ist eine länger währende. Sie entsteht bereits früher, bei der Überlegung, welche Sorten gepflanzt werden sollen, bei der Aufzucht und Hege in Topf und Garten, und schließlich beim kulinarischen Herumexperimentieren mit verschiedenen Gemüsen, Früchten, Kräutern, Geschmacksrichtungen in Pfannen und Töpfen. Die Lust ist der Antrieb zum Genuss.

Was macht ein Lebensmittel zum Genussmittel?
Die beste überhaupt auftreibbare Qualität.

- **Welche Speisenkombination war bisher Ihr ultimativer kulinarischer Genuss?**
  Ein frisch aus dem Garten gezupftes Radieschen, in Scheibchen auf ein gutes, bebuttertes Schwarzbrot gelegt, ist kaum zu toppen. Höchstens durch sonnenwarme Tomaten auf der gleichen knusprigen Grundlage. Oder durch Birnenhonig auf Hühnerleberpastete. Und noch ein paar andere ...

- **Sehen, Riechen, Schmecken, Hören, Fühlen – Genuss ist ein sehr sinnliches Erlebnis. Angenommen, Sie müssten sich gegen einen Sinn entscheiden: Welchen Sinn würden Sie am ehesten opfern?**
  Ich befürchte, ich müsste mich vom Geruch lossagen, was allerdings äußerst schmerzlich wäre. Aber kein Sehen bedeutet kein Lesen. Kein Schmecken bedeutet kein Essen. Kein Hören bedeutet nie wieder Schubert. Und was kein Fühlen bedeutet, das muss ich hier wohl nicht ausführen.

INDIVIDUALFRAGE: Sammeln, selbst anbauen und ernten sind integrative Genusselemente von nicht käuflichen Lebensmitteln. Nun möchten manche Gastronomen ihren Gästen aber das ultimative Genusserlebnis anbieten. Ist der persönliche Bezug zum Lebensmittel Voraussetzung für den ultimativen Genuss? Wie kann die Gastronomie diesen Spagat schaffen?
Ich denke, dass die wirklich guten Gastronomen diesen Spagat bereits bewältigen, indem sie ihre Produkte sorgfältig auswählen und von Landwirten, Gemüse- und Obstbauern beziehen, die genau diese Beziehung zu ihren Paradeisern, Karotten & Co haben. Dasselbe gilt natürlich auch für die Fleischqualität, für Käse und Weine, für Schnäpse und alles andere, was der Mensch gerne genüsslich zu sich nimmt.

Mag. Martin Josef Felhofer

- **Abt des Prämonstratenser Chorherrenstiftes Schlägl**
- **www.stift-schlaegl.at, abtei@stift-schlaegl.at**

Prälat, Kons.-Rat, Kommerzialrat, Mag. Martin Josef Felhofer. Geboren am 27. Februar 1947 in Schlägl. Gymnasium Kollegium Petrinum Linz (1958–1966). Einkleidung am 28. August 1966. Theolog. Studium Universität Innsbruck (1967–1972, Magister der Theologie). Priesterweihe am 29. August 1972. Tätigkeit als Kooperator von Ulrichsberg und der Stadtpfarre Linz Herz-Jesu (1972–1978). Novizenmeister, Prior des Stiftes und Religionsunterricht am Gymnasium Rohrbach (1978–1989). 1989 Wahl zum Abt des Stiftes Schlägl. Dem Stift Schlägl gehören 41 Mitglieder an, es ist Arbeitgeber für 180 MitarbeiterInnen (Forst, einzige Stiftsbrauerei Österreichs u. a.).

Welche fünf Begriffe verbinden Sie persönlich mit Genuss?
Körperliches Wohlbefinden – seelische Glücksmomente – diese Freude mit anderen teilen – Dankbarkeit für das Geschenk des Genießens – auch verzichten zu können.

Eine Aussage des griechischen Philosophen Epikur lautete: „Man muss eher darauf achten, mit wem man isst und trinkt, als was man isst und trinkt. Denn ohne einen Freund gleicht das Leben der Nahrungsaufnahme eines Löwen und eines Wolfes." Wie stehen Sie zu dieser These?
Essen und Trinken in froher Gemeinschaft mit anderen, mit Freunden und Gästen ermöglicht erst die Erfahrung eines größeren, sinnstiftenden und beglückenden Ganzheitsgenusses. In der christlichen Tradition sind ja alle willkommen zur Mahlgemeinschaft.

Auf Essen und Trinken bezogen – worin liegt in Ihren Augen der Unterschied zwischen Genuss und Lust?
Im Bezug auf Essen und Trinken bedeutet die Lust eine freudvolle Erwartungshaltung auf bevorstehende kulinarische Genüsse und ist somit dem Genuss gleichsam zeitlich vorgeblendet. Der Genuss meint hingegen den jeweils selbst gewählten Modus des Verzehrs: vom kleinen herzhaften Im-

biss bis zum opulenten Mahl sind je nach Temperament und Stimmungen in den verschiedenen Graden der Heiterkeit, Fröhlichkeit, Lustigkeit und Ausgelassenheit Genüsse möglich.

- **Was macht ein Lebensmittel zum Genussmittel?**
  Wenn nicht mehr der Nährwert im Vordergrund steht, sondern damit zusätzliche Erwartungen wie Entspannung und Heiterkeit – etwa durch den Genuss von Alkohol – verbunden werden.

- **Welche Speisenkombination war bisher Ihr ultimativer kulinarischer Genuss?**
  Frittatensuppe – Schweinebraten mit Mühlviertler warmen Krautsalat und Knödel.

- **Sehen, Riechen, Schmecken, Hören, Fühlen – Genuss ist ein sehr sinnliches Erlebnis. Angenommen, Sie müssten sich gegen einen Sinn entscheiden: Welchen Sinn würden Sie am ehesten opfern?**
  Riechen.

INDIVIDUALFRAGE: Wie stellt sich der Zusammenhang zwischen Fastenzeit und Genuss für Sie persönlich dar?
Wer genießen kann, wird auch verzichten können. Das hat auch eine angenehme Folge:

- Wer genießen kann, wird auch für andere genießbar. Denn eine Askese – nicht aus Verneinung, sondern aus Bejahung des irdischen Lebens – ist eine Einübung von Lebensgewohnheiten, die mir und auch anderen gut tun.

Mag. Marlies Gruber

- **Initiatorin des österreichischen Genussbarometers**
- **www.forum-ernaehrung.at**

Marlies Gruber ist Ernährungswissenschafterin und wissenschaftliche Leiterin des forum. ernährung heute. 1991 als Verein gegründet, ist das forum.ernährung heute (f.eh) die kompetente Plattform für ernährungs- und gesundheitsbezogene Öffentlichkeitsarbeit. Das f.eh vermittelt Medien und Öffentlichkeit objektive, handlungsrelevante Informationen zu Themen wie Ernährung, Bewegung und Lebensstile. Zu diesem Zweck erscheint viermal jährlich das Magazin „ernährung heute". www.forum-ernaehrung.at ist die zu Ernährungsthemen in Österreich am häufigsten aufgesuchte Homepage.

Welche fünf Begriffe verbinden Sie persönlich mit Genuss?
Entzückung, Staunen, Sonne, Faszination, Summen

Eine Aussage des griechischen Philosophen Epikur lautete: „Man muss eher darauf achten, mit wem man isst und trinkt, als was man isst und trinkt. Denn ohne einen Freund gleicht das Leben der Nahrungsaufnahme eines Löwen und eines Wolfes." Wie stehen Sie zu dieser These?
Erst ein Gegenüber ermöglicht wahren Genuss, der eben nicht nur auf gute Produkte und einem angenehmen Ambiente beruht. Genuss ist der zentrale Code gemeinsamen Essens und Ausdruck von Lebensbejahung. Warum wir zum Genießen zumindest jemand Zweiten brauchen, lässt sich auch linguistisch ableiten. Genuss hängt unmittelbar mit Genosse zusammen und „ge" bei „Genuss", aber auch „Geschmack", weist ja auch schon auf die Kollektivdimension des Genießens hin.
Gemeinsam zu essen dient schließlich dem Gedankenaustausch, wirkt vertrauensbildend und gemeinschaftsstiftend, wandelt das Zu- und Miteinander, schafft eine neue Beziehungsordnung. Beim Reden mit dem Anderen werden eigene und gegenübersitzende Verschiedenartigkeit und Identität erfahren und akzeptiert – und sei es nur für die Zeit des gemeinsamen Essens.

Auf Essen und Trinken bezogen – worin liegt in Ihren Augen der Unterschied zwischen Genuss und Lust?

Zum Einen: Die Lust kommt vor dem Genuss. Ich habe auf etwas Lust oder Appetit, noch bevor ich es genieße. Wobei ich natürlich auch die Vorfreude genießen kann. Mit Lust aber zu essen, heißt die Lust zu befriedigen, den Appetit zu stillen, das kann auch ein Verschlingen sein, wenn es schlicht ums Einverleiben geht, um das Fleischliche, das Animalische. Während ich mir beim Genießen Zeit lasse und mich ganz auf die unterschiedlichen Empfindungen und Wahrnehmungen einlasse, mich konzentriere, steht bei der Lust der Akt des Essens oder Trinkens im Vordergrund, das Beißen und Schlucken. Nuancen zu erkennen ist dann sekundär. Lust und Genuss können aber auch gepaart sein, sie schließen sich nicht aus.

Was macht ein Lebensmittel zum Genussmittel?

Genussmittel dürfen die Tüpfelchen auf dem I sein. Sie müssen nicht nährstoffreich sein oder satt machen, sie sollen in erster Linie schmecken und Freude bereiten. Es geht um das durch den Konsum kurzfristig resultierende Wohlbefinden, nicht um nachhaltige Effekte. Und allen Genussmitteln ist wohl gemeinsam, dass sie nur in Maßen genossen gut tun.

Welche Speisenkombination war bisher Ihr ultimativer kulinarischer Genuss?

Mit „ultimativ" tue ich mir etwas schwer, aber ein kulinarischer Höchstgenuss sind immer wieder überraschende Feuerwerke der Geschmacksknospen – also oft Neues: neue Kombinationen, wie es für mich Blutwurst mit Jakobsmuscheln waren. Viel Freude macht mir aber immer wieder eine sehr klassische Kombination: (französischer) Weichkäse mit einer passenden roten Cuvée oder hervorragendem reinsortigen Merlot, Cabernet Sauvignon oder Pinot noir.

Sehen, Riechen, Schmecken, Hören, Fühlen – Genuss ist ein sehr sinnliches Erlebnis. Angenommen, Sie müssten sich gegen einen Sinn entscheiden: Welchen Sinn würden Sie am ehesten opfern?

Ich würde auf das Schmecken verzichten. Denn ob etwas süß, sauer, bitter, salzig oder umami schmeckt, macht doch nur einen kleinen Teil des Gesamteindrucks aus. Über das Riechen nehmen wir erst die Nuancen wahr und wesentlich ist doch auch die Textur, deren Änderung man oft auch hört. Die Grundgeschmacksarten nicht zu erkennen, schottet einen am wenigsten von der übrigen Welt ab.

INDIVIDUALFRAGE: Als Autorin des Österreichischen Genussbarometers: Was sind die Schwierigkeiten beim Messen von Genuss?
Genuss ist eine mit körperlichem und geistigem Wohlbefinden verbundene, ganzheitliche, intensive Sinnesempfindung – und damit äußerst subjektiv. Daher dürfen beim Erfassen des Genusserlebens nicht nur die Überlegungen der Studienleiter, sondern es müssen möglichst alle Aspekte des Genussverhaltens und der psychologischen Bedingungsfaktoren berücksichtigt werden. Ob jemand genießt oder ob jemand überhaupt genießen kann, lässt sich vornehmlich nur über Selbsteinschätzungen eruieren – und das am besten über vielfältige Themenkomplexe: Wie wichtig ist einem Genuss? Wie geht es einem bei Genussentzug? Und wie bei freiwilligem Verzicht? Welche Vor- und Nachteile sehe ich beim Genießen? Welche Barrieren nehme ich wahr? Wie sieht das Gesundheits-, Ernährungs- und Genussverhalten im Alltag aus? Und wie zu besonderen Anlässen? Beim Genussbarometer nahmen wir als Grundlage an, dass die Genussfähigkeit die Lebensqualität und das Wohlbefinden steigert, zum Beispiel den subjektiven Gesundheitszustand, die Leistungsmotivation oder das Selbstwertgefühl, was im Übrigen auch bestätigt wurde.

Dr. Rainer Lutz

- **Psychologe und Initiator der „Kleinen Schule des Genießens“**

„Ich bin in der Nachkriegszeit aufgewachsen und habe meine ersten und prägenden Jahre in einem südhessischen Dorf verbracht. Meine Kindheit war sinnlich geprägt. Ich habe erfahren, wie kalt es im Winter war; die Holzscheite haben beim Hereintragen aus dem Schuppen in die Küche am Arm gekniffen; der Ofen hat gebullert und war schön warm. Die „Schulspeisung“ schmeckte furchtbar, die frische Milch beim Nachbarn köstlich. Meine Großmutter hat mir frisch gebackenes, knuspriges Brot und selbstgemachte frische Butter zum Essen gegeben. Bei den Nachbarn konnte ich samstags am Vormittag nachsehen, welche Suppe es mittags geben wird und ehrte mittags die beste Suppenköchin mit meinem Appetit.“

Welche fünf Begriffe verbinden Sie persönlich mit Genuss?
Gestaltung eines guten Lebens, Autonomie, Selbstfürsorge, Kontemplation, Wohlbefinden

Eine Aussage des griechischen Philosophen Epikur lautete: „Man muss eher darauf achten, mit wem man isst und trinkt, als was man isst und trinkt. Denn ohne einen Freund gleicht das Leben der Nahrungsaufnahme eines Löwen und eines Wolfes.“ Wie stehen Sie zu dieser These?

1. Epikur, ein leptosomer schlanker Mann, war nicht sonderlich epikuräisch, er war ein Aufklärer, der Menschen Angst nehmen wollte. Sein Denken war u. a. durch die Idee des „rechten Maßes“ bestimmt.
2. Epikur wuchs als Kind in einer Athener Kolonie auf, um die es ständig Krieg gab und das Leben nur in Gemeinschaft möglich war. Später lebte er in seiner Schule auf einem größeren Gelände (Leiterin: eine Frau!) in einer Gemeinschaft, die ihn finanziell und seelisch „trug“.
3. Heutige Empirie: Lebensglück ist primär in der Gemeinschaft und erst sekundär im guten Essen zu finden. „Gutes Essen“ ist eine Ressource, „(gutes) Essen mit Freunden“ wird als sehr viel angenehmer, wichtiger … eingeschätzt. Für ein gutes Leben brauche ich also drin-

gend tragfähige Bindungen, es wird durch gutes Essen ohne Zweifel in hohem Maße bereichert.

4. Bedingungen der heutigen Lebenssituation, über die sich Epikur offensichtlich keine Gedanken machen musste: Wir müssen angesichts einer z. T. verantwortungslosen Lebensmittelindustrie und schwachen Politikern sehr wohl sehr genau darauf achten, was wir essen und trinken.
5. Die Aussage, dass die Nahrungsaufnahme ohne die soziale Begleitung durch einen Freund zu einer tierischen Angelegenheit wird, ist bestenfalls eine didaktisch-pädagogische Zuspitzung. Der muss ich wider sprechen. Genuss und Selbstfürsorge ist sehr wohl auch alleine möglich. Dummes Geplapper in einer lauten Gesellschaft kann sogar den Genuss trüben.

Auf Essen und Trinken bezogen – worin liegt in Ihren Augen der Unterschied zwischen Genuss und Lust?

- Lust: basales Lebensprinzip, aber auch kurzfristiger und kurzsichtiger Konsum, Befriedigung eines (z. B. durch Werbung) vorher geweckten Bedürfnisses.
- Genuss: Selbststeuerung, eigene Gestaltung eines guten Lebens, Maßhalten

Was macht ein Lebensmittel zum Genussmittel?

Qualität, sensorische Reinheit, die Artigkeit (wie beim Wein: seiner Art gerecht), der sorgsame Umgang des Essers mit dem Produkt, die Würdigung

Welche Speisenkombination war bisher Ihr ultimativer kulinarischer Genuss?

Quellwasser nach einer anstrengenden Bergwanderung

Sehen, Riechen, Schmecken, Hören, Fühlen – Genuss ist ein sehr sinnliches Erlebnis. Angenommen, Sie müssten sich gegen einen Sinn entscheiden: Welchen Sinn würden Sie am ehesten opfern?

Was für eine peinliche Frage!

INDIVIDUALFRAGE: Die kleine Schule des Genießens formuliert 7 Genussregeln. Wenn Sie heute, 27 Jahre nach der ersten Publikation, eine 8. Regel formulieren sollten – wie würde sie lauten?

Genuss ist sinnlich

Ohne Genuss kein gutes Leben

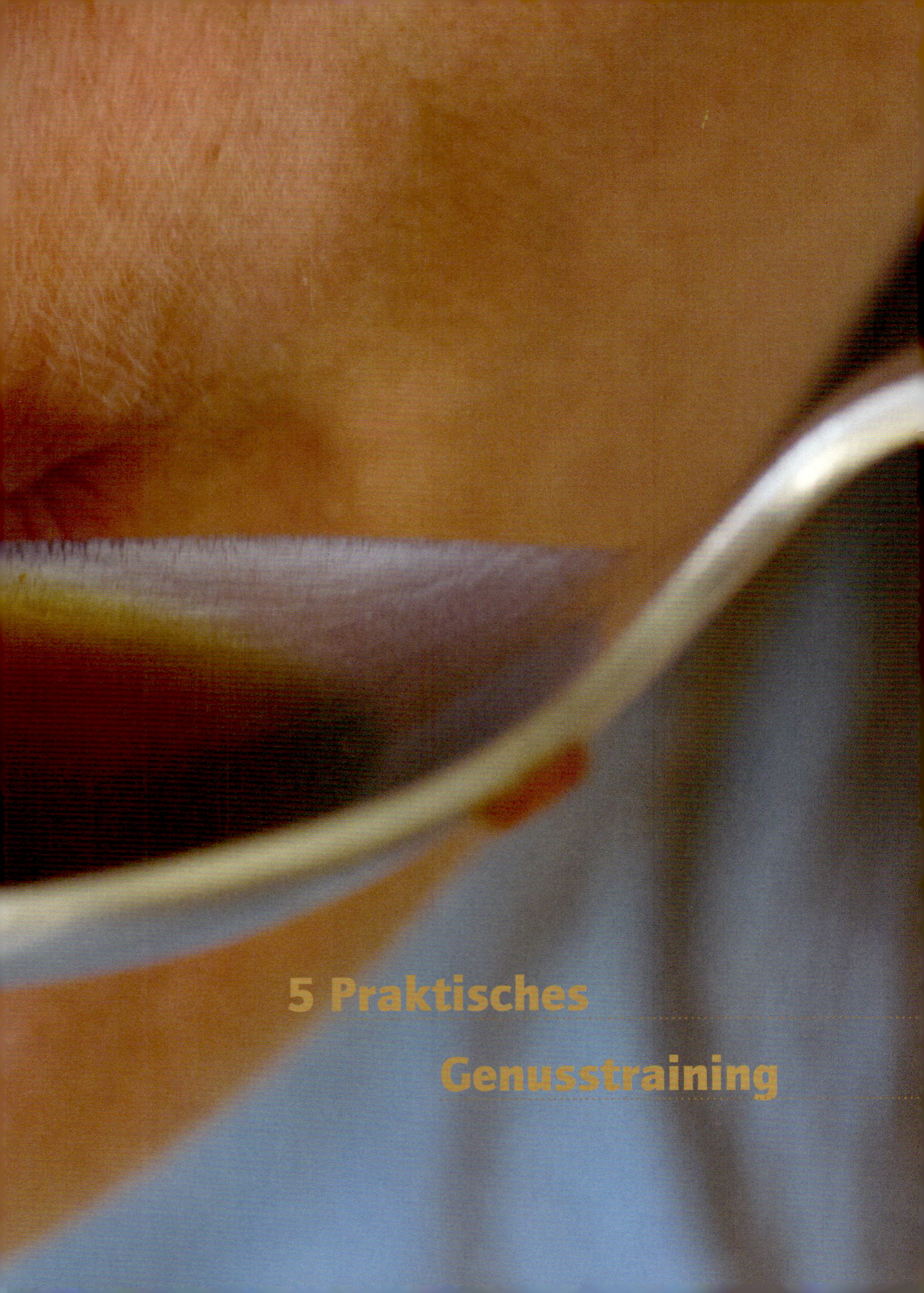

5 Praktisches Genusstraining

5 Praktisches Genusstraining

Von der Theorie nun zur Praxis! Um die eigene Sinneswahrnehmung trainieren zu können, bedarf es nicht notwendigerweise extravaganter Zutaten oder einer aufwendigen Zubereitung. Es bedarf „nur“ etwas Zeit, und vor allem Lust, sich mit den eigenen Sinnen zu beschäftigen.

Ich habe in diesem Kapitel Experimente für Erwachsene zusammengestellt, die ich im Zuge von Workshops bereits mehrmals durchgeführt habe und die großen Anklang fanden. Die ersten Übungen sind relativ einfach, sie dienen dazu, die eigene Sinnesleistung zu testen. Finden Sie heraus, wie sehr Temperaturunterschiede oder die Farbe die Wahrnehmung von Lebensmitteln beeinflussen! Danach folgen Experimente, die sich mit Lebensmitteln im Detail beschäftigen. Wie beeinflussen sich Geschmäcker gegenseitig? Das hat auch Auswirkungen aufs Kochen – wie kann man Speisen aufpeppen oder die Bitterkeit von manchen Gemüsen kaschieren? Welche Kombinationen sind besonders harmonisch? Und das Herzstück der Sensorik: Wie kann man Lebensmittel des täglichen Gebrauchs sensorisch beschreiben? Wonach schmeckt Milch, außer nach Milch? Wie unterscheiden sich Apfelsorten sensorisch voneinander? Eine einzige Verkostung macht noch keinen Sommelier. Je mehr Sie sich aber mit einer Produktgruppe beschäftigen, umso besser werden Sie differenzieren, umso mehr werden sie auf Details aufmerksam und umso eher erkennen Sie sortenspezifische Eigenschaften. Kosten ist anstrengend, erfordert Konzentration, macht aber auch unheimlich Spaß!

Drei weitere Übungen habe ich speziell für Kinder integriert, denn Kinder können bereits in jungen Jahren ein Qualitätsbewusstsein für Lebensmittel entwickeln, Produktunterschiede wahrnehmen und auf diese Weise zu kritischen Konsumenten erzogen werden. Kindgerechte Übungen sollen Interesse bei Kindern erwecken, sich mit Lebensmitteln auseinanderzusetzen und einen praktischen Bezug zum Alltag herstellen. Vor allem aber sollen sie dem Essen jene Aufmerksamkeit widmen, die ihm gebührt. Verkosten macht auch Kindern Spaß! Neben dem Spaßfaktor können sie aber Zusätzliches bewirken, wie Untersuchungen gezeigt haben. So konnte die Scheu,[1] bislang unbekannte Lebensmittel zu kosten, in einer Studie durch Sinnesschulungen gesenkt werden. Schulkinder waren nach zehn Sinnesschulungen eher bereit,

1 Neophobie ist eine Scheu vor neuen Produkten, die mit dem ersten Bissen in ein bis dahin unbekanntes Lebensmittel als überwunden gilt. Sie unterscheidet sich damit von der Heikelkeit, die auch nach dem Kosten bestehen kann. Bei Kindern ist Neophobie unterschiedlich stark ausgeprägt, betrifft jedoch Mädchen und Buben gleichermaßen. Der Höhepunkt ist meist im Alter zwischen zwei und sechs Jahren erreicht. Es gibt aber auch Erwachsene mit Neophobie.

neue Produkte zu probieren. Spielerisches Sinnestraining fördert bei Kindern also die Offenheit für Lebensmittel.

Der Effekt war zwar nur temporär, nach zehn Monaten war er wieder verschwunden. Allerdings können Sie diese Phase nützen, um Kinder an neue Lebensmittel zu gewöhnen.

Kleine Kinder sind übrigens nicht, wie oft angenommen, die empfindlichsten Schmecker, zumindest nicht bei süßem Geschmack! Im Zuge eines Geschmackstests mit 3–6-jährigen Kindern war deren Schwelle für Zucker deutlich höher als bei Erwachsenen, und ältere Kinder waren sensibler für Süße als jüngere.

Die nachfolgenden Übungen sind wie Kochrezepte beschrieben: Welche Zutaten und sonstige Materialien brauchen Sie, und was müssen Sie vorbereiten? Der Aufwand ist sehr gering, etwaige Nahrungsmittelunverträglichkeiten müssen Sie jedoch berücksichtigen.

Für manche Übungen gibt es auch Formulare zum Download sowie Zusatzinfos auf der Website: **www.evaderndorfer.at**

EXPERIMENTE FÜR ERWACHSENE

Retronasaler Geruch

Hintergrundinformation: Wenn wir von Apfelgeschmack, Nussgeschmack oder Kaffeegeschmack sprechen, geht es genau genommen nicht nur um den Geschmack, denn dieser ist auf süß, sauer, salzig, bitter und umami beschränkt. Das Apfeltypische ist eine Frage des Geruchssinns, ebenso wie die Röstaromen des Kaffees oder das Charakteristische einer Nuss. Gerüche werden nicht nur durch direktes Riechen durch die Nase (pronasal), sondern auch während des Verzehrs eines Produktes wahrgenommen, da eine direkte Verbindung zwischen Mundhöhle und Riechschleimhaut der Nase besteht und Aromastoffe aus Apfel, Kaffee oder Nuss von der Mundhöhle zur Riechschleimhaut aufsteigen (retronasal). Die retronasale Geruchswahrnehmung wird mit Geschmack verwechselt (siehe Kapitel 1).

Material: verschiedene Nüsse

Vorbereitung: keine

Durchführung: Halten Sie sich mit einer Hand fest die Nase zu, während Sie mit der anderen Hand eine Nuss in den Mund stecken. Die Nase bleibt vorerst geschlossen! Bei geschlossener Nase die Nuss eine Zeitlang kauen, aber noch nicht schlucken! Was schmecken Sie? Dann die Nase loslassen und

Übung zum retronasalen Geruch. Workshop Linz schmeckt, Bellevue das gelbe Haus, Linz09 Kulturhauptstadt.

die Nuss fertig essen. Was schmecken Sie nun? Was hat sich verändert? Alles, was Sie bei geschlossener Nase geschmeckt haben, ist der Geschmack. Bei offener Nase nehmen Sie deutlich mehr wahr: Die Nuss „schmeckt" erst mit Hilfe der Nase wirklich nach Nuss!

Geruchserkennung

Hintergrundinformation: Wir Menschen können tausende Gerüche unterscheiden – beim Erkennen und vor allem beim Benennen sind wir bei Weitem nicht so gut. Gerüche kann man sich jedoch einprägen und das eigene Geruchsgedächtnis schulen. Jeder kann also besser werden, wenn es um das Erkennen von Gerüchen geht!

Material: Gewürze oder Fläschchen mit Aromen oder ätherischen Ölen

Vorbereitung: Eine größere Zahl Aromafläschchen und Gewürze in Gläsern in Alufolie einrollen. In einer Reihe aufstellen, Sie sollen nicht wissen, was wo steht! Noch besser ist es, wenn Sie eine zweite Person bitten, Riechproben für Sie einzuwickeln und Ihnen „blind" zu reichen.

Durchführung: An den Gewürzen mit geschlossenen Augen riechen, da sie optisch erkannt werden. An den Aromafläschchen können Sie mit offenen oder geschlossenen Augen riechen. Schreiben Sie auf, was Sie erkennen. Wenn Sie einen Geruch nicht erkennen können, aber eine Assoziation damit haben, dann notieren Sie diese Assoziation. Alufolie abnehmen und kontrollieren, was Sie richtig erkannt haben. Wenn Sie anfangs wenig erkennen, wiederholen Sie die Übung alle paar Wochen. Damit trainieren Sie Ihr Geruchsgedächtnis und prägen sich die Gerüche ein. Das hilft Ihnen später auch beim Beschreiben einer Vielzahl von anderen Lebensmitteln.

Farbe beeinflusst den Geschmack

Weißwein, links pur, Mitte als Rotwein eingefärbt, rechts als Rosé eingefärbt

Hintergrundinformation: Von einem grünen Apfel erwarten wir mehr Säure als von einem roten. Bei einem roten Joghurt schließen wir aus Erfahrung darauf, dass es sich um Beeren oder Kirschen handelt. Diese Erwartungshaltung aufgrund von Erfahrung hat aber ihre Tücken, denn das Auge kann durch Produkterwartung andere Sinne täuschen. In einer wissenschaftlichen Studie wurde Weißwein – ein Chardonnay – mit Lebensmittelfarbe eingefärbt, um einmal als Rosé, einmal als Rotwein und einmal als Weißwein zu erscheinen. Die Farbe beeinflusste die wahrgenommene Intensität der Attribute: Der roséfarbene Wein wurde von den ungeschulten Verkostern am fruchtigsten, aber mit dem wenigsten Körper, der wenigsten Reife und Komplexität bewertet. Rot gefärbt hatte der Wein den meisten Körper, die meiste Reife und Komplexität. Es handelte sich aber immer um den gleichen Wein!

Auch in einem von mir selbst durchgeführten Workshop, bei dem ich Grünen Veltliner als Roséwein einfärbte, erkannten die wenigsten, dass es sich um den gleichen Wein handelte wie den eben zuvor als Weißwein angebotenen Grünen Veltliner!

Überraschen Sie daher weinaffine Gäste einmal mit einem „etwas anderen Wein"! Selbstverständlich kann die Übung auch mit alkoholfreien Getränken gemacht werden.

Material: bordeauxrote Lebensmittelfarbe in geringen Mengen (und je nach Packungsanleitung der Farbe ggf. heißes Wasser zum Auflösen der Farbe und ein Messbecher), 2 Flaschen vom gleichen Weißwein, Weingläser, idealerweise eine Einwegpipette, um die Farbe tröpfchenweise zusetzen zu können, alternativ einen Strohhalm oder Löffel zum Dosieren verwenden.

Vorbereitung: Lebensmittelfarbe je nach Packungshinweis vorbereiten. Wein in einen Messbecher leeren, Lebensmittelfarbe tropfenweise zugeben, bis der gewünschte Färbungsgrad – Rosé oder Rotwein – erreicht ist. Den als Rosé gefärbten Wein entweder wieder in die Flasche füllen und diese in eine Alufolie einwickeln. Ihren Freunden erklären Sie, dass es diesmal eine Blindverkostung gibt, wo alle einen Tipp abgeben sollen, um welche Rebsorte es sich handelt. Alternativ können Sie den Weißwein in eine saubere, leere Roséweinflasche füllen, falls Sie kurz zuvor einmal Rosé getrunken haben und die leere Flasche noch zuhause haben. Wenn Sie den Weißwein als Rotwein einfärben, füllen Sie ihn einfach in eine Karaffe.

Durchführung: Trinken Sie zuerst Weißwein mit ihren Freunden oder Verwandten, schenken Sie später den „Roséwein" (den rosa eingefärbten Weißwein) und/oder den „Rotwein" ein. Fällt Ihren Freunden und Verwandten auf, dass der Wein gleich wie der erste schmeckt? Warten Sie deren Kommentare ab, ohne darauf hinzuweisen.

Vergleich von Texturen

Hintergrundinformation: Zu den Texturmerkmalen zählen beispielsweise Härte, Sprödigkeit, Kaubarkeit, Klebrigkeit, Schwere, Dichte, Körnigkeit, Fasern, Cremigkeit, Sprudeln und viele mehr. Manche dieser Eigenschaften sind bereits in den Händen, andere erst im Mund wahrnehmbar. Hand und Mund (d. h. Lippen, Zunge, Gaumen, Zähne) sind unsere Tastorgane. Viele Produkte berühren wir automatisch mit der Hand, um sie zum Mund zu führen. Die dabei gewonnenen Produktinformationen geben bei manchen Lebensmitteln Aufschluss über deren Frische (z. B. Knusprigkeit bei Gebäck, Festigkeit oder Biegsamkeit einer Karotte), oder sie stellen eine Vorinformation über die Konsistenz dar, etwa ob Schokolade leicht schmilzt.

Die Größe der Hände ist übrigens entscheidend für das Tastgefühl, denn bei kleinen Fingern liegen die Tastrezeptoren in den Fingerspitzen enger beieinander! Im Mund rauen Fadenpapillen die Zungenoberfläche auf und tragen somit zur Texturwahrnehmung bei. Die Textur von Getränken wird ausschließlich im Mund wahrgenommen. Die Konsistenz von Speisen ist oft ausschlaggebend, ob wir etwas mögen!

Material: verschiedene Früchte in unterschiedlicher Konsistenz, zum Beispiel:

- *Erdbeeren:* frisch in der Erdbeersaison, tiefgekühlt und aufgetaut, gefriergetrocknet, püriert aus frischen oder aufgetauten Erdbeeren
- *Ananas:* frisch, aus der Dose ohne Zuckerzusatz, getrocknet nicht kandiert, getrocknet und kandiert, Saft
- *Apfel:* verschiedene Sorten – jeweils frisch, als Kompott, als Mus und als Saft

Vorbereitung: je nach Frucht: pürieren, auftauen, Kompott oder Mus entweder selbst zubereiten oder fertig kaufen.

Durchführung: Kosten Sie einmal ganz bewusst die gleiche Frucht in unterschiedlichen Konsistenzen. In welcher Form mögen Sie die Frucht besonders? In welcher weniger? Warum? Ist das bei allen Früchten gleich oder bevorzugen Sie bei einer Frucht den Brei, bei der anderen die bissfeste Variante? Wo kommt Ihrer Meinung nach der Erdbeer-/Ananas-/Apfelgeschmack am besten zur Geltung? Das ist eine einfache Übung, die jedoch Wirkung zeigt! Auf diese Weise haben schon manche neue Vorlieben entdeckt ...!

Vergleich von Temperaturen

Hintergrundinformation: Der Temperatursinn reagiert auf Erwärmung und Abkühlung. Wir besitzen Kälterezeptoren, die auf Hauttemperaturen zwischen ca. 2 und 47 °C reagieren, und Wärmerezeptoren die erst über 30 °C reagieren und ihre maximale Aktivität knapp unter 50 °C haben. Über 50 °C sind nicht mehr die Wärmerezeptoren, sondern Schmerzrezeptoren aktiv.

Die Temperatur von Lebensmitteln und Getränken beeinflusst aber nicht nur, wie heiß oder kalt wir sie empfinden, sondern auch, wie intensiv wir deren Geruch und Geschmack wahrnehmen! Süße nehmen wir am stärksten zwischen 35 und 50 °C wahr, salzig zwischen 18 und 35 °C und bitter bei etwa 10 °C. Bei höherer Temperatur werden pronasale und retronasale Aromawahrnehmungen gesteigert. Wird ein Getränk mit einigen Graden Temperaturunterschied gekostet, ändert sich dessen Empfindung so deutlich, dass die beiden Proben nicht als gleiches Getränk erkannt werden!

Material: Kaffee oder Tee nach Wahl.

Vorbereitung: Kaffee oder Tee zubereiten. 2 Tassen bereitstellen.

Durchführung: Indem Sie unterschiedlich viel in die Tassen einfüllen, kühlt der Tee oder Kaffee unterschiedlich rasch ab, sodass Sie zumindest einige °C Unterschied erreichen. Alternativ brühen Sie z. B. Tee auf und lassen ihn abkühlen, brühen Sie dann nochmals frischen Tee in gleicher Konzentration (d. h. gleiche Teemenge auf gleiche Wassermenge) auf, und verkosten Sie die in diesem Fall deutlich unterschiedlich temperierten Tees im Vergleich.

Eiswürfeltest

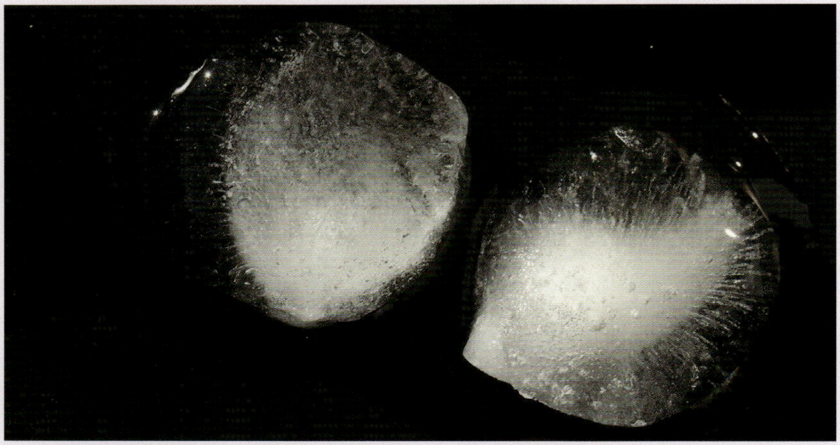

Hintergrundinformation: Wird die Zungenspitze rasch abgekühlt und wieder erwärmt, so haben etwa 50 % aller Individuen ein Geschmacksempfinden. Der Effekt ist bereits spürbar, wenn die Zunge auf 15 °C abgekühlt und sofort wieder auf 35 °C erwärmt wird.

Material: Eiswürfel, warmes Wasser.

Vorbereitung: Eiswürfel herstellen, Wasser erhitzen.

Durchführung: Nehmen Sie einen Eiswürfel in den Mund und lutschen ihn kurz, die Zunge muss kalt werden, der Eiswürfel muss aber nicht bis zum vollständigen Auflösen gelutscht werden. Sehr warmes Wasser, etwa so temperiert, wie Sie Kaffee trinken würden, in eine Tasse füllen und die Zunge sofort nach dem Entfernen des Eiwürfels kurz in das heiße Wasser tauchen. Das Wasser muss wärmer sein als 35 °C, es soll ja Ihre eiswürfelkalte Zunge auf 35 °C erwärmen! Haben Sie einen Geschmack im Mund? Dann sind Sie „Thermal taster“, d. h. ein Temperaturschmecker!

Vanillejoghurt kühl und raumtemperiert

Hintergrundinformation: Beim sogenannten „Zeit-Intensitätstest“ wird eine einzelne Produkteigenschaft, z. B. die Süße, Kakao- oder Vanilleintensität im Zeitverlauf verfolgt. Dies kann insofern von Interesse sein, als sich die Produkttemperatur im Mund der Körpertemperatur annähert, ein Verdünnungseffekt durch den Speichel stattfindet und das Produkt im Mund bewegt wird. Ein Lebensmittel kann daher im Laufe des Konsums unterschiedlich wahrgenommen werden.

Material: zwei Becher Vanillejoghurt (oder Vanillesojapudding) – beim Einkauf darauf achten, dass Sie zwei Proben mit demselben Mindesthaltbarkeitsdatum kaufen. Außerdem benötigen Sie eine Uhr, die Sekunden anzeigt, sowie zwei Kugelschreiber oder andere Stifte mit unterschiedlicher Farbe.

Vorbereitung: einen Becher bis zum Verzehr in den Kühlschrank stellen, den anderen 1–2 Stunden vor der Übung aus dem Kühlschrank nehmen.

Durchführung: Lesen Sie sich zuerst die Prüfanleitung (S. 168) durch. Bitten Sie eine zweite Person, auf die Uhr zu schauen und Ihnen alle fünf Sekunden Bescheid zu geben. Die zweite Person sollte zuerst Sekunden herunterzählen: 5-4-3-2-1-0. Bei Null nehmen Sie einen Löffel vom gekühlten Vanillejoghurt in den Mund, schlucken ihn aber noch nicht hinunter. Die zweite Person sieht auf die Uhr und sagt Ihnen alle fünf Sekunden Bescheid, also 5-10-15-20-25-30 … bis 60. Bei 10 Sekunden schlucken Sie hinunter. Markieren Sie alle 5 Sekunden, wie sich die Süße verändert, bis Sie gar nichts Süßes mehr wahrnehmen. Verbinden Sie nun alle eingezeichneten Punkte zu einer Kurve. Danach den Vorgang mit der zweiten, raumtemperierten Probe durchführen. Markieren Sie dieses Mal mit dem anderen Stift die Intensität auf dem Prüfblatt. Verbinden Sie wiederum alle eingezeichneten Punkte zu einer Kurve. Anschließend vergleichen Sie die beiden Kurven miteinander. Was unterscheidet sie?

Zeit-Intensitätstest-Prüfanleitung:

Bitte nehmen Sie zum Zeitpunkt „0“ einen Löffel Vanillejoghurt in den Mund und beginnen Sie sofort, die Intensität des süßen Geschmacks an der Skala zu beurteilen.

Schlucken Sie erst bei „10 Sekunden“. Markieren Sie alle 5 Sekunden, wie sich die Süße verändert. Beurteilen Sie bitte solange, bis Sie nichts Süßes mehr schmecken, auch wenn Sie schon geschluckt haben (Nachgeschmack!).

	nicht wahrnehmbar … stark wahrnehmbar
0 Sekunden	--
5 Sekunden	--
10 Sekunden	--
15 Sekunden	--
20 Sekunden	--
25 Sekunden	--
30 Sekunden	--
35 Sekunden	--
40 Sekunden	--
45 Sekunden	--
50 Sekunden	--
55 Sekunden	--
60 Sekunden	--

Sie können diese Prüfanleitung als pdf von meiner Website: www.evaderndorfer.at herunterladen und ausdrucken.

Echt Fett

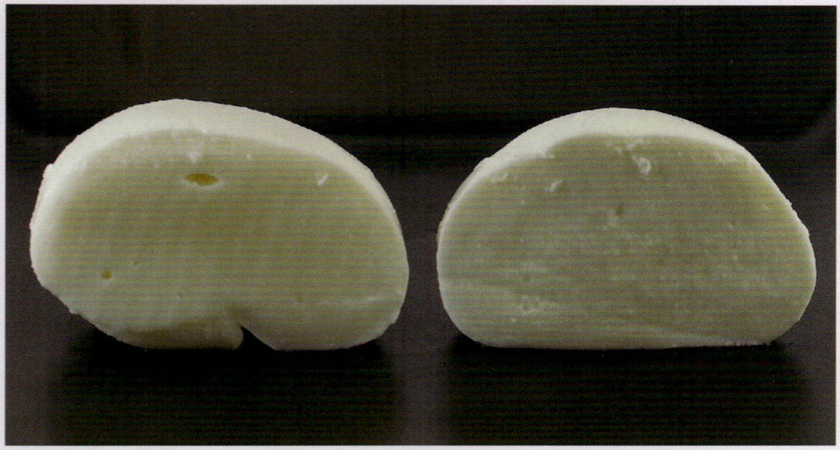

Fettreduzierter Mozzarella (links), Standard-Mozzarella (rechts)

Hintergrundinformation: Fett hat bei Speisen verschiedene sensorische Funktionen: Es trägt zur Texturwahrnehmung bei, fetterer Käse schmilzt beispielsweise besser im Mund als magerer Käse. Fett ist aber auch Träger fettlöslicher Aromen und trägt somit zur Geruchswahrnehmung pronasal und retronasal bei. Neuerdings mehren sich auch die Hinweise, dass Fett zusätzlich ein eigener Geschmackseindruck sein könnte, denn mittlerweile wurde nachgewiesen, dass die Zunge Fett gesondert wahrnimmt. Bei Ratten und Mäusen wurde bereits ein Geschmacksrezeptor für Fette entdeckt, beim Menschen steht dies aber noch aus, daher gilt Fett (noch) nicht als Grundgeschmacksart.

Material: Mozzarella Standard (verschiedene Hersteller), Mozzarella light (verschiedene Hersteller), Olivenöl, Salz.

Vorbereitung: Molke abtropfen, Käse in mundgerechte Stücke schneiden. Salz und Olivenöl bereithalten, aber noch nicht auf den Käse geben!

Durchführung: Zuerst die Käse ohne Salz und Öle kosten – vergleichen Sie die light-Varianten mit den Standard-Varianten. Worin besteht der Unterschied? Nun kosten Sie die Käse mit etwas Salz und wenig Olivenöl. Wie deutlich ist der Unterschied jetzt?

Eine Mozzarella-Verkostung des Genussmagazins[2] unterzog übrigens ganze 22 Mozzarella-Proben, darunter 7 Light-Mozzarella, einem Test. Die Ergebnisse der Blindverkostung durch 10 Jurymitglieder – ich war eines davon – sind auf der Website des Genussmagazins verfügbar. Sechs der sieben Light-Mozzarellas wurden als wenig attraktiv empfunden und mit Begriffen wie trocken, styroporartig, Kaugummi, ledrig, fest, flach, charakterlos beschrieben. Natürlich ist hier auch der direkte Vergleich maßgeblich: Eine fettarme Variante glänzt selten neben fetteren Pendants.

Mit Olivenöl fällt der Unterschied aber sicherlich weniger auf. Hier kann eine fettarme Variante Energie sparen. Generell stellt sich aber bei Käse die Frage, ob es nicht sinnvoller ist, kleinere Mengen, aber dafür von der geschmacklich attraktiven Variante zu essen als große Mengen vom mageren Produkt. Diese Frage darf und muss jeder für sich entscheiden.

2 Heft 4 (Juli/August) 2010: www.genussmagazin.eu/?+Das+weisse+Gold+Kampanienes+&id

Wechselwirkung von Geschmacksrichtungen

Hintergrundinformation: Die meisten Speisen und Getränke enthalten mehr als nur einen Geschmackseindruck, und auch beim Kombinieren von Zutaten treffen verschiedene Geschmacksrichtungen aufeinander. Diese können einander auf verschiedene Weise beeinflussen: sie können sich gegenseitig verstärken oder abschwächen, komplett maskieren oder synergistisch wirken.

Material: frische Grapefruits oder Grapefruitsaft (frisch gepresst oder pasteurisiert), Salz, Löffel zum Umrühren, bei Verwendung frischer Grapefruits außerdem ein Messer zum Schneiden & Filetieren und ein Brett, bei Verwendung von Grapefruitsaft zwei kleine Gläser oder Verkostungsbecher.

Vorbereitung: Frische Grapefruit filetieren und in Stücke schneiden. Alternativ frischen Saft pressen oder – als Schnellvariante – eine Grapefruitsaftpackung öffnen.

Durchführung: Jede Person bekommt entweder zwei Grapefruitfilets oder zwei kleine Becher Grapefruitsaft, sowie einen Salzstreuer, und dosiert vorsichtig eine geringe (!) Menge Salz auf eines der beiden Grapefruitstücke oder in eine der beiden Saftproben. Saft umrühren. Nun wird zuerst die ungesalzene Grapefruit bzw. der ungesalzene Grapefruitsaft gekostet, danach der gesalzene. Worin besteht der Unterschied?

Auflösung: Durch Zugabe geringer Mengen Natriumchlorid schmeckt Grapefruit bzw. deren Saft süßer, da die Bitterkeit durch Kochsalz unterdrückt wird. Die Süße tritt dadurch stärker hervor.

Kost-Paare

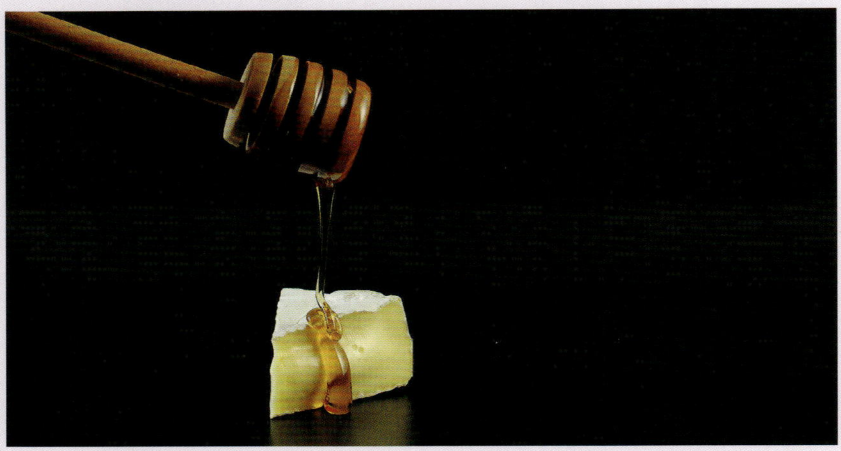

Hintergrundinformation: Das Kombinieren von Lebensmitteln ist eine sensorische Bereicherung. Nur Fleisch, Fisch, Gemüse, Getreide oder Käse ohne jegliche Beigaben wäre auf lange Sicht langweilig. Durch gezieltes Kombinieren kann auch die sensorische Komplexität von Gerichten erhöht werden (siehe Kapitel 3). Beim Kombinieren mehrerer Zutaten können Lebensmittelinhaltsstoffe in Wechselwirkung treten, wie Sie bereits im Experiment mit Grapefruits geschmeckt haben. Doch auch wenn Zutaten miteinander kombiniert als „harmonisch" gelten, etwa Spargel und Sauce Hollandaise, müssen sie dem Einzelnen nicht immer munden. Spannend ist aber: Selbst wer ein Lebensmittel einzeln nicht favorisiert, mag es mitunter dennoch in Kombination, da die Kombination den Eindruck der Einzelzutat verschiebt!

Wir sehen uns dies am Beispiel Käse und Honig an – eine Kombination, die mir persönlich sehr mundet!

Material: Mehrere Käsesorten – idealerweise unterschiedliche Typen, z. B. je ein Weichkäse, Schnittkäse, Hartkäse, Blauschimmelkäse. Außerdem 2–3 verschiedene flüssige Honigsorten, z. B. Akazienhonig, Löwenzahnhonig, Lindenhonig, Edelkastanienhonig oder andere Sorten, je nach Verfügbarkeit.

Vorbereitung: Die Käsesorten eine Stunde vor der Verkostung aus dem Kühlschrank legen. Falls Sie einen Frischkäse verkosten, diesen bis zur Verkostung im Kühlschrank lagern. Unmittelbar vor dem Kosten kleine genussfertige Stücke abschneiden. Honig bereitstellen.

Durchführung: Alle Kombinationen aus Käse und Honig kosten.
Was schmeckt Ihnen am besten? Vergeben Sie Punkte für jede Kombination: 9 Punkte bedeutet „mag ich außerordentlich gerne“, 1 Punkt bedeutet „mag ich überhaupt nicht. Tragen Sie die Punkte in der Tabelle ein. Gibt es einen Käse, der Ihnen pur zu intensiv ist, mit Honig aber durchaus schmeckt?

	Käse 1	Käse 2	Käse 3	Käse 4
Honig 1				
Honig 2				
Honig 3				

Einfluss des Geschirrs

Hintergrundinformation: Hersteller von Weingläsern schwören auf den Effekt des idealen Glases für jeden Wein. Mancher Teetrinker schwört auf den Belag in der Teekanne, die Patina, die sich nach längerem Gebrauch bildet. (Wer zwischen Teesorten wechselt, tut aber gut daran, die Kanne entsprechend zu reinigen!) Auch ob wir Kaffee aus einer grazilen Porzellantasse, einem durchsichtigen Glas oder einem dickwandigen „Häferl" trinken, hat einen Einfluss auf das sensorische Erlebnis – alleine schon optisch, wobei die Vorlieben für die Art des „Gefäßes" durchaus individuell sind. Unbestreitbar ist: Tassen und Gläser nehmen wir mit mehreren Sinnen wahr. Wir sehen sie, tasten sie, bei etwaigem Anstoßen hören wir sie. Dass wir sie sehen und spüren, erschwert aber natürlich die Einschätzung, ob das Geschirr tatsächlich einen Einfluss auf Geruch und Geschmack von Getränken ausübt. Denn das Sehen erzeugt in jedem Fall eine Erwartungshaltung.

Bei Wein gibt es etliche wissenschaftliche Studien, die untersucht haben, ob die Glasform die sensorische Wahrnehmung eines Weines ändert und ob dieser Unterschied auch für Konsumenten deutlich wahrnehmbar ist. Ihnen zufolge kann davon ausgegangen werden, dass das Glas nicht ganz irrelevant ist. Zwei eigene Untersuchungen zu diesem Thema – im Zuge von Lehrveranstaltungen durchgeführt – zeigten bisher allerdings, dass die Füllmenge im Glas einen höheren Effekt auf die Geruchsintensität hat als die Glasform!

Zum Material von Teetassen oder Kaffeetassen und wie deren Form, Größe und Wandstärke den Geruch und Geschmack des Heißgetränkes verändern, gibt es keine aktuellen wissenschaftlichen Untersuchungen. Probieren Sie daher selbst!

Material: Je nachdem, was Sie zuhause haben und was Sie gerne probieren: mehrere verschiedene Weingläser und eine Flasche Wein, oder mehrere verschiedene Tassen und eine Kanne Tee/Kaffee.

Vorbereitung: Weinflasche richtig temperieren bzw. Tee oder Kaffee zur Verfügung halten.

Durchführung: Wein öffnen bzw. Tee/Kaffee zubereiten. Dann die gleiche Menge (!)[3] desselben Weines bzw. desselben Tees/Kaffees in unterschiedliche Gläser bzw. Tassen leeren und kosten. Besteht ein Unterschied? Wie deutlich ist er?

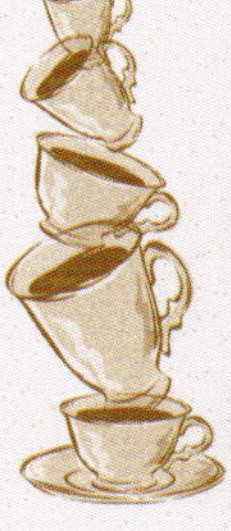

3 abwiegen oder mit einem Messbecher abmessen

Risotto x 2

Hintergrundinformation: Haben Sie sich beim Einkaufen einmal gefragt, welcher Risottoreis der Beste ist? Ob *Arborio, Vialone, Baldo* oder *Carnaroli* zum besten Ergebnis führen oder ob die Sorte sekundär ist, solange man sie richtig kocht?

Bei Risottoreis werden vier Güteklassen unterschieden: Riso Superfino, Fino, Semifino und Comune. Folgende Sorten sind die bekanntesten:

Arborio ist der bekannteste und am meisten verbreitete Risottoreis. Sein Name leitet sich von der Stadt Arborio im italienischen Piemont ab. Arborio Reiskörner sind rundlich, die Körner sind vergleichsweise groß und haben einen weißen Fleck. Der Mittelkornreis zählt zur Güteklasse Superfino und ist eine Kreuzung aus Vialone und Lady Wright.

Auch *Carnaroli*-Reis stammt aus dem Piemont. Carnaroli ist ein großkörniger Reis mit kompakten, langen Körnern. Er ist eine Kreuzung aus den Sorten Vialone und Lencino. Carnaroli gilt als beste italienische Reissorte und zählt zur Güteklasse Superfino. Aufgrund seines geringen Ertrags ist er teurer als Arborio oder Vialone.

Auch *Baldo* kommt aus dem Piemont. Risotto aus Baldo wird nicht ganz so cremig, dafür kann Baldoreis auch für Suppen verwendet werden.

Vialone ist ein Mittelkornreis, der in der Poebene im Piemont angebaut wird.

Den besten sensorischen Vergleich zwischen Risottoreis-Sorten können Sie anstellen, indem Sie mehrmals Risotto mit unterschiedlichen Reissorten kochen – am allerbesten nebeneinander, mit exakt gleichen Zutaten, nur anderem Reis! Zumindest zwei Risotti lassen sich parallel relativ leicht zubereiten, etwa mit getrockneten Steinpilzen.

Material: 2 verschiedene Risotto-Reissorten, andere Zutaten je nach Rezept und Geschmack.

Vorbereitung: Fond bzw. Brühe zubereiten, alle Zutaten bereitstellen.

Durchführung: Parallel nach Rezept zwei Risotti kochen. Die Vergleichsverkostung macht Sie sicher, für welchen Reis Sie sich beim nächsten Mal entscheiden!

Vialone (links), Carnaroli (rechts oben), Baldo (rechts unten)

Beschreiben üben

Valencay

Vache de Chalais (im Kastanienblatt)

Camembert du Normandie

Reblochon

Hintergrundinformation: Wir essen und sprechen mit demselben Organ, dem Mund. Und es ist vielen von uns ein Bedürfnis, übers Essen zu reden. Aber verstehen wir uns gut dabei? Eine Metapher des Philosophen Wittgenstein lautet: „Wenn jeder eine Schachtel hätte und darin etwas wäre, was wir als „Käfer" bezeichnen, niemand jedoch in die Schachtel eines anderen schauen könnte – dann könnte jeder nur vom Anblick des eigenen Käfers sagen, wie ein Käfer aussieht. Es könnte aber sein, dass jeder ein anderes Ding in der Schachtel hat."[4] Nun, je genauer wir unseren Mitmenschen unseren Käfer – oder eben die von uns gekosteten Lebensmittel – beschreiben, desto eher wird das Reden zur Information. Bei professionell trainierten Prüfergruppen ist das gemeinsame Training aber der einzige Garant für ein wirklich klar definiertes und reproduzierbares Vokabular.

Wozu aber selber beschreiben? Hier geht es natürlich weniger darum, eigene Beschreibungen exakt wiederholen zu können. Wer jedoch versucht, seine Sinneswahrnehmung zu verbalisieren, kostet mit mehr Aufmerksamkeit als

4 Raphael, C.: Reden über Wein. Studien zum kommunikativen Wert verbaler Weinbeschreibungen. VDM Verlag Dr. Müller, 2007.

jemand, der „nur" kostet. Wer Beschreiben bei wenigen Lebensmitteln übt, tut sich in Folge auch beim Beschreiben anderer Produkte leichter. Denn Begriffe zur Beschreibung von Lebensmitteln sind durchaus überschneidend! Karamellnoten können nicht nur in Süßwaren, sondern auch in Milch, Joghurt, Sojadrink, Apfelsaft oder Weißbrot vorkommen. Nicht nur Obst ist fruchtig, auch Käse und Gemüse können fruchtige Noten aufweisen.

Material: Ein leeres Blatt Papier, einen Kugelschreiber, mehrere Produkte aus einer Kategorie (z. B. Emmentaler von verschiedenen Herstellern oder mehrere Apfelsorten, Brotsorten oder Tomatensorten).

Vorbereitung: Gläser, Teller, Besteck, … je nach Lebensmittelkategorie.

Durchführung: Versuchen Sie, die vorliegenden Proben zu beschreiben. Wie sehen sie aus? Wonach riechen sie? Wie schmecken sie? Wie fühlen sie sich im Mund an? Notieren Sie alles, was Ihnen auffällt.
Beschreiben fällt vielen anfangs schwer – die nachfolgende Tabelle soll Ihnen helfen, falls Sie keine oder nur wenige eigene Worte finden, um Unterschiede zu charakterisieren. Die aufgelisteten Begriffe für Milch, Naturjoghurt, Käse, Lachs, gekochten Reis, frische Äpfel, Tomaten, grüne Gemüse und Honig stammen aus unterschiedlichen internationalen Studien und wurden durch eigene Erfahrungen ergänzt. Sie haben aber selbstverständlich keinen Anspruch auf Vollständigkeit, weitere Attribute sind bei diesen Produkten möglich und auch zu erwarten. Umgekehrt mögen Ihnen manche Begriffe eigenartig erscheinen. Bedenken Sie dabei, dass diese Beschreibungen aus unterschiedlichen Ländern stammen, und sicherlich einen kulturellen Kontext haben. Als Anregung sind sie jedoch bestens geeignet.

Begriffe zur Beschreibung von Grüntee, Kaffee, Schokolade und Ölsorten finden Sie in Kapitel 2.

Produkt-Kategorie	Aussehen	Geruch	Geschmack/ Flavour	Textur, Mundgefühl
Milch	weiß, gelb, blau Farbe im Zentrum/am Rand transparent optische Dicke	sahnig gekochte Milch Karamell Getreide malzig oxidiert	sahnig gekochte Milch Karamell süß bitter salzig metallisch getreideartig oxidiert	dick cremig Viskosität trocknend kreidig
Naturjoghurt	Farbe Festigkeit Dicke stichfest cremig molkenlässig	sauer süßlich	sauer/ Milchsäure süß Karamell bitter metallisch Sahne gekochte Milch butterartig käsig hefig salzig fruchtig schwefelig	adstringierend kreidig wässrig kurz/lang anhaltend mehlig cremig
Käse (aufgrund der Käsevielfalt stellt diese Attribut-sammlung nur einen Auszug dar!)	Farbton Gleichmäßigkeit der Farbe glänzend rau Form Festigkeit Lochung, Risse Edelschimmel Naturrinde	Milchsäure Joghurt Buttersäure schweißig Essigsäure stechend in der Nase Butter Milchfett Sahne	süß Honig Toffee Karamell sauer Milchsäure Buttersäure Essigsäure fermentiert Sojasauce	adstringierend scharf beißend stechend brennend prickelnd ölig rau elastisch fest

Produkt-Kategorie	Aussehen	Geruch	Geschmack/ Flavour	Textur, Mundgefühl
Käse	molkenlässig (bei Frischkäse)	süßlich, Toffee Karamell gekochte Milch Molke muffig-erdig muffig-trocken Edelschimmel animalisch nach Kuh Ziege, Leder gereift fruchtig Ananas weinig schwefelig Sauerkraut grün-kräuterartig Grün-Gemüse Olive blumig Getreide getoastet nussig chemisch Brühe aschig, rauchig Heu, Stroh Silage	stechend salzig bitter Butter Milchfett Sahne Molke gekochte Milch erhitzter Käse muffig-erdig Edel-Schimmel Pilze Brühe umami animalisch Ziege, Kuh gereift fruchtig Ananas weinig Hefe schwefelig Kohl, Brokkoli Sauerkraut Zwiebel grün-kräuterartig Grün-Gemüse blumig parfümiert seifig Wachs Pfeffer aschig, rauchig Getreide nussig chemisch ölig	klebrig löslich körnig bröckelig gummiartig feucht/ trocken kaubar Mund auskleidend schmelzend

Produkt-Kategorie	Aussehen	Geruch	Geschmack/ Flavour	Textur, Mundgefühl
Lachs* (im eigenen Saft gegart, ohne Zusätze)	Lachsfarbe verfärbt (braun, gelb, dunkel)	Meer, frischer Seetang süßlich säuerlich, sauer ranzig	süß warme Milch sauer salzig gekochte Kartoffel Pilze frisches Fischöl ranzig	saftig fest ölig
Reis (gekocht)	Glanz weiße Farbe	gekochter Reis brauner Reis Popcorn Stärke holzig rauchig schwefelig nussig blumig grün/grasig heuig Stall Butter milchig Wachs erdig	süß salzig bitter metallisch	Kernigkeit Härte Zusammen-haften der Körner Klebrigkeit Kaubarkeit rau adstringierend
Apfel, frisch	Farbe saftig Form, glatte oder raue Oberfläche	Apfelschale Apfelfrucht-fleisch Zitrus Birne grasig Erdboden feuchte Zweige & Stängel	süß sauer bitter Birne Pflaume Kirsche wässrig	adstringierend saftig weich knusprig-knackig körnig mehlig fest beim Abbeißen Zähheit Schale

* Ganz frischer, roher Fisch hat anfangs kaum ein Eigenaroma, er riecht nur nach Seetang. Bei fetten Fischen hängt der Fischgeschmack unter anderem von der Zusammensetzung des Fettes ab, denn manche Fette haben mehr Eigengeschmack als andere.

Produkt-Kategorie	Aussehen	Geruch	Geschmack/ Flavour	Textur, Mundgefühl
Tomaten, frisch	Farbintensität Größe Samen gerippt fest Dicke der Pulpe wässrig Form	Tomate Tomatenblätter grüne unreife Tomate würzig süßlich säuerlich fruchtig kräuterartig frisch geschnitt. Gras muffig rohe Erdäpfel grüne Bananenschale rauchig nach Butter	süß sauer salzig bitter Tomate unreife Tomate fruchtig Wassermelone blumig-grün kräuterartig frisch geschnitt. Gras rohe Erdäpfel erdig muffig würzig scharf Kren* überreif	saftig schmelzend mehlig fest knusprig dicke Haut adstringierend beißend
Grüne Blatt-gemüse	je nach Gemüse sehr diverses Aussehen	beißend in der Nase heuig grasig-grün spinatartig erdig-muffig säuerlich	grün kohlartig sellerieartig salatartig spinatartig petersilartig nach Rüben rettichartig Zitrus harzig holzig heuig grasig erdig-muffig modrig blumig	wässrig beißend Zähne ätzend brennend scharf adstringierend haftend rau

* Kren = Meerrettich

Produkt-Kategorie	Aussehen	Geruch	Geschmack/ Flavour	Textur, Mundgefühl
Grüne Blatt-gemüse			seifig süßlich fruchtig sauer bitter salzig umami petroleumartig schwefelig metallisch	
Honig	diverse Farbtöne dünn/ dickflüssig cremig	Karamell fruchtig Zitrus blumig holzig nussig würzig frisch Kräuter grün-grasig Menthol harzig malzig Lakritz Kaffee Schokolade animalisch rauchig medizinisch	süß säuerlich bitter Karamell fruchtig Zitrus blumig holzig nussig würzig Kräuter grün-grasig Menthol harzig malzig Lakritz Kaffee Schokolade animalisch rauchig medizinisch	adstringierend viskos körnig kühlend

EXPERIMENTE FÜR KINDER AB 6 JAHREN

Die nachfolgenden drei Übungen können mit einem oder mehreren Kindern mit Hilfe eines Erwachsenen durchgeführt werden. Sie vermitteln Kindern auf lustige Weise einige wesentliche Aspekte rund um die Sinne: dass die Farbe den Geschmackssinn täuschen kann oder dass wir vieles gar nicht schmecken können, sondern in Wahrheit riechen. Bei einer Übung mit Schokoladezahlen sind Kinder mit einem kleinen Schokostück deutlich länger beschäftigt als beim herkömmlichen Schokoladeessen, und ihre Aufmerksamkeit wird auf das Detail Mundgefühl gelenkt.

Erkenn den Saft!

Du brauchst: verschiedene Fruchtsäfte (z. B. Apfelsaft, Orangensaft, Bananensaft, Marillensaft[5]), Krüge oder große Plastikbecher, Löffel zum Umrühren, Lebensmittelfarben[6] oder kräftige Fruchtsaftkonzentrate zum Einfärben, sowie kleine Trinkbecher.

Los geht's! Einer von euch beginnt, die anderen schauen weg! Wenn du beginnst: Such dir zuerst einen Saft aus. Dann wählst du eine Farbe, die nicht zum Saft passt – zum Beispiel kannst du roten Orangensaft oder lila Apfelsaft machen. Leere etwas Saft in den Krug, gib ganz wenig Lebensmittelfarbe dazu und rühre um. Nun dürfen alle kosten. Wer erkennt den Saft? Im Anschluss könnt ihr zum Vergleich den ungefärbten Saft kosten.

5 Aprikosensaft
6 Manche Lebensmittelfarben können bei Kindern Aktivität und Aufmerksamkeit beeinträchtigen – siehe diesbezüglich Verpackungsangaben.

Riecht oder schmeckt Vanille?

Du brauchst: Feinkristallzucker, Vanillezucker[7] einen kleinen Löffel, eine Nasenklammer (ersatzweise geht auch eine nicht zu feste Wäscheklammer)

Los geht's! Steck zuerst eine Nasenklammer auf deine Nase! Dann nimmst du einen Löffel Zucker in den Mund. Nicht gleich hinunterschlucken! Erkennst du den süßen Geschmack? Gib nun die Nasenklammer herunter. Was schmeckst du jetzt? Auch süß, oder? Denn Zucker schmeckt nur süß. Nun steck die Nasenklammer zum zweiten Mal auf deine Nase. Jetzt nimmst du einen Löffel Vanillezucker in den Mund. Noch nicht hinunterschlucken! Erkennst du den süßen Geschmack? Gib nun die Nasenklammer herunter. Was schmeckst du jetzt? Spürst du den Unterschied? Mit Nasenklammer schmeckt der Vanillezucker nur süß, aber ohne Nasenklammer kannst du plötzlich auch die Vanille erkennen. Das beweist, dass deine Zunge Vanille nicht schmecken kann. Du brauchst deine Nase dazu!

7 am besten mit echter Vanille

Zähl mit dem Mund!

Tortendekor-Schokozahlen zum Ertasten im Mund

Diese Übung ist für Kinder ab 6 Jahren bzw. sobald ein Kind die Ziffern 0–9 kennt, geeignet.

Du brauchst: essbare Zahlen (z. B. Schokolade-Tortendekor), Teller, Papier, Stift

Los geht's! Schreib gemeinsam mit deinen Eltern oder einer anderen erwachsenen Person einige Zahlen zwischen 0 und 9 auf ein Blatt Papier. Wenn du 6 Jahre alt bist, wählt gemeinsam vier Zahlen aus. Je älter du bist, desto mehr Zahlen können es sein.

Drück die entsprechenden Schokoladezahlen aus der Packung auf einen kleinen Teller. Nun mach die Augen fest zu und deinen Mund auf! Lass dir eine Schokozahl in den Mund legen. Sobald du sie im Mund hast, kannst du die Augen aufmachen. Erkennst du, welche Zahl du im Mund hast? Taste sie mit der ganzen Zunge ab. Vorsicht, wenn du die Zahl zerbeißt, wirst du nichts mehr erkennen! Schau auf das Blatt – vielleicht hilft es dir, wenn du dir die Zahlen dabei ansiehst.

Die Übung macht auch Erwachsenen Spaß!

Nachwort

Nachwort

Dieses Buch ist sehr umfassend geworden, und dennoch ist es unfertig – ja, es kann gar nie fertig sein – denn das würde bedeuten, dass alle Genüsse schon gefunden wären!

Dieses Buch soll im Sinne **Epikurs** bewussten Genuss fördern. Echter Genuss hat mit Maßlosigkeit nichts zu tun.

Nach Epikur ist aber auch Lernen ein Genuss: „Denn nicht nach dem Lernen kommt der Genuss, sondern Lernen und Genuss sind ein und dasselbe."[1] Hier pflichte ich Epikur ebenfalls bei. Ich habe durch das Schreiben Neues gelernt und viele Zusammenhänge und Analogien entdeckt, die mir vorher nicht aufgefallen sind. Somit war auch das Schreiben des vorliegenden Buches genussreich!

Ich hoffe, dass auch Sie beim Lesen zahlreiche Erkenntnisse gewonnen und Ideen zum Genießen erhalten haben! Ich lade Sie an dieser Stelle ein, gelegentlich meine Website zu besuchen. Dort werden immer wieder neue Übungen oder auch Rezepte zum Herunterladen angeboten.
www.evaderndorfer.at

1 GV27, aus: Epikur – Philosophie des Glücks, Übersetzt, ausgewählt und mit einem Nachwort versehen von Bernhard Zimmermann. DTV CH Beck, 4. Auflage 2010, S. 11.

STUBELJ

Literatur

Literatur zu Kapitel 1

De Botton A: The Consolations of Philosophy. Penguin Books, 2000.

Bernet C: Blattgold. Tabula 3, 2010, S. 14.

Berridge K. C.: ‚Liking' and ‚wanting' food rewards: Brain substrates and roles in eating disorders. Physiology & Behaviour 97, 2009, S. 537–550.

Brombach C.: Gemeinsam essen ist wichtig. Familienmahlzeiten heute. IN: E.-U. Schassberger (Hrsg.): Eurotoques: Zurück zum Geschmack. Hirzel Verlag, 2004.

Bruckner R.: Einkaufen löst Frust aus. Derstandard.at 12.10.2010.

Dean M., Grunert K., Raats M., Nielsen N., Lumbers M.: The impact of personal resources and their goal relevance on satisfaction with food related life among the elderly. Appetite 50, 2008, S. 308–315.

Derndorfer E.: Molekulare Küche. VEÖ Einblicke 1, 2009, S. 3–4.

Derndorfer E.: Warum wir essen, was wir essen. Krenn Verlag, 2008.

Derndorfer E.: Lebensmittelsensorik. Facultas.wuv, 3. Auflage, 2010.

Dr. Rainer Wild-Stiftung: Wie viel Genuss tut gut? Fakten, Trends und Meinungen. Gesunde Ernährung interdisziplinär aufbereitet. Ausgabe 1, 2008.

Etzlstorfer H. (Hrsg.): Küchenkunst & Tafelkultur. Kulinarische Zeugnisse aus der Österreichischen Nationalbibliothek. Christian Brandstätter Verlag, 2006.

Forum Ernährung Heute: www.forum-ernaehrung.at/cms/feh/presse_artikel.html?ctx=CH0076&doc=CMS1238570075012: So genießt Österreich – bestimmende Genussfaktoren: Zeit und Ambiente. 01.04.2009.

Forum Ernährung Heute: www.forum-ernaehrung.at/cms/feh/presse_artikel.html?ctx=CH0076&doc=CMS1248244396536: So genießt Österreich – Typologien und Lebensstile: Genuss steigert Lebensqualität. 23.07.2009.

Forum Ernährung Heute: www.forum-ernaehrung.at/cms/feh/dokument.html?ctx=CH0147&doc=CMS1248352358053. „Genussregeln" im Bild. 23.07.2009

Forum Ernährung Heute: www.forum-ernaehrung.at/cms/feh/presse_artikel.html?ctx=CH0076&doc=CMS1258553823732: So genießt Österreich – Genuss bringt in Balance. 19.11.2009.

Gates S.: Der Gastronaut. Kulinarische Abenteuer für Romantiker, Tollkühne und Unverzagte. Gerstenberg Verlag, 2006.

Gruber M.: Genuss im Wort. Ernährung Heute 2, 2010, S. 5–9.

Initiative Genusskultur: Pressemitteilung. Wie genießen die Deutschen? Große Genussstudie 2008. www.initiative-genusskultur.de/uploads/media/Genussstudie_2008.pdf

Initiative Genusskultur: Welcher Genusstyp sind Sie? www.initiative-genusskultur.de/

Jinap S., Hajeb P.: Glutamate. Its applications in food and contribution to health. Appetite 55, 2010, S. 1–10.

Koppenhöfer E.: Kleine Schule des Genießens. Ein verhaltenstherapeutisch orientierter Behandlungsansatz zum Aufbau positiven Erlebens und Handels. Pabst Science Publishers, 2004.

Lemke H.: Epikurs Gemüsegarten und seine philosophischen Früchte. Epikur Journal für Gastrosphie 1, 2010, www.epikur-journal.at.

Lutz R., Sundheim D.: Das Euthyme Konzept: Genuss zum Wohle der Gesundheit. Psychologische Aspekte gesundheitsfördernder Ernährung. IAKE Mitteilungen 9, 2002, S. 14–24.

Maier-Solgk F., Neumann H.: Die wichtigsten Ergebnisse. IN: Platt T. (Hrsg.) Genussbarometer Deutschland. Wie wir zu leben verstehen. Christoph Links Verlag, 2004.

Mandel A. L., Peyrot des Gachons C., Plank K. L., Alarcon S., Breslin P.A.S.: Individual Differences in AMY1 Gene Copy Number, Salivary α-Amylase Levels, and the Perception of Oral Starch. PLoS ONE 5, 2010, e13352. doi:10.1371/journal. pone.0013352.

Nickel R.: Epikur. Wege zum Glück. Herausgegeben und übersetzt von Rainer Nickel. Artemis und Winkler, 2005.

North, A. C.: Wine und Song: The Effect of Background Music on the Taste of Wine. O. J., www.wineanorak.com, Zugriff 19.11.2008.

O.V.: Goldene Teezeiten. Genussmagazin 6, 2010, S. 79.

O.V.: Feine Zunge hält fit. Food & Sensorik 5, 2003.

Pudel V., Westenhöfer J.: Ernährungspsychologie. Eine Einführung. Hogrefe Verlag, 3. Auflage, 2003.

Reinbach H. C., Martinussen T., Møller P.: Effects of hot spices on energy intake, appetite and sensory specific desires in humans. Food Quality and Preference 21, 2010, S. 655–661.

Scheibehenne B., Tood P. M., Wansink B.: Dining in the dark. The importance of visual cues for food consumption and satiety. Appetite 55, 2010, S. 710–713.

Schnabel U.: Warum weniger oft mehr ist. Zeit Wissen Ratgeber Natur. Heft 2, 2011, S. 38–44.

Schubert E.: Essen und Trinken im Mittelalter. Primus Verlag, 2. Auflage, 2010.

Stroebele N., de Castro J. M.: Listening to music while eating is related to increases in people's food intake and meal duration. Appetite 47, 2006, S. 285–289.

Torberg F. : Die Tante Jolesch. Dtv, 32. Auflage, 2010.

Vilgis T.: Molekularküche: Das Kochbuch. 1. Auflage. Wiesbaden: Tre Torri Verlag; 2007.

Wagner H.: Speisen, die die Welt nicht braucht? Ein Gespräch zwischen Heinz Hanner und Wagner C. IN: Muttenthaler, Limbeck-Lilienau, Zuna-Kratky (Hrsg.): Geschmacksache. Was Essen zum Genuss macht. Technisches Museum Wien, 2008, S. 97–99.

Westerterp-Plantenga M. S., Smeets A., Lejeune M. P. G.: Sensory and gastrointestinal satiety effects of capsaicin on food intake. International Journal of Obesity 29, 2005, S. 682–688.

Westerterp-Plantenga M.S., Diepvens K., Joosen A. M. C. P., Bérubé-Parent S., Tremblay A.: Metabolic effects of spices, teas, and caffeine. Physiology and Behaviour 89, 2006, S. 85–91.

Wierlacher A: Oralität und Kulturalität von Geschmack und Genuss. IN: Kulinaristik – Forschung – Lehre – Praxis. Wierlacher und Bendix (Hrsg.), LIT Verlag, 2008.

Zimmermann B.: Epikur. Philosophie des Glücks. Übersetzt, ausgewählt und mit einem Nachwort versehen von Bernhard Zimmermann. DTV CH Beck, 4. Auflage, 2010.

Literatur zu Kapitel 2

AGES: FAQ Analogkäse. www.ages.at/ages/ernaehrungssicherheit/thema-ernaehrung/faq-analogkaese/ (Zugriff 14.3.2011)

Agrarmarkt Austria: AMA-Gastrorichtlinie. Kennzeichnungs- und Dokumentationssystem für die Herkunft und Produktionsweise landwirtschaftlicher Produkte sowie Gütekriterien in Gastronomie und Hotellerie. November 2010.

Agrarmarkt Austria: www.ama-marketing.at/obst-gemuese-und-erdaepfel/erdaepfel/die-geschichte/ (Zugriff 17.3.2011)

AID: Tomatenanbau gestern und heute. www.was-wir-essen.de/abisz/tomaten_erzeugung_gestern_heute.php (Zugriff 17.3.2011)

Altenberg P.: Ich trinke Tee. IN: Genuss bei Tisch. Für literarische Feinschmecker. Welttag des Buches 2008, S. 38.

Arche Noah: Bluza, Köch & Umurken. Auf den Spuren traditioneller Gemüsesorten in Österreich. Text: Arndorfer M., 2005.

Arche Noah: Gemüse Incognito. Vergessene Kulturpflanzen vergangener Jahrhunderte. Text Bartha-Pichler B., Vorwort Koller B., recherchiert und zusammengestellt für den Arche Noah Schaugarten, 2. Auflage, 2002.

Bail S., Stuebiger G., Unterweger H., Buchbauer G., Krist S.: Characterization of volatile compounds and triacylglyceol profiles of nut oils using SPME-GC-MS and MALDI-TOF-MS. European Journal of Lipid Science and Technology 111, 2009, S. 170–182.

Becker T.: Zur Bedeutung geschützter Herkunftsangaben. Arbeitsbericht Nr. 12. Hohenheimer Agrarökonomische Arbeitsberichte. Universität Hohenheim, 2005.

Bibliothek für Genießer: Das Erdäpfel-Kochbuch aus Österreich. Geschichte und Gegenwart einer kulinarischen Köstlichkeit. Krenn Verlag, 2009.

Bischof T., Bischof H.: Köstlich kochen mit Tee. Einfache und inspirierende Rezepte. Systemed Verlag, 2010.

Bongartz A., Cezanne M.-L.: Sensorik-Marketing für Biolebensmittel. Lebensmittel-Technologie 7–8, 2010, S. 11–13.

Bongartz A.: Natives Olivenöl. IN: Praxishandbuch Sensorik. Busch-Stockfisch (Hrsg.), Behr's Verlag, Aktualisierungsauflage 15.12.2006, S. 1–50.

Botta-Diener M.: Alte Getreidesorten neu entdeckt. Tabula Heft 1, 2011, S. 16–19. Bundesministerium für Ernährung, Landwirtschaft und Verbraucherschutz (Deutschland): Forsa-Umfrage im Auftrag des BMELV zu Schinken-Imitaten. 2010. www.bmelv.de/SharedDocs/Downloads/Ernaehrung/Kennzeichnung/Umfrage-Schinken-Imitat.pdf?_blob=publicationFile

Bundesministerium für Ernährung, Landwirtschaft und Verbraucherschutz (Deutschland): www.bmelv.de/DE/Landwirtschaft/Markt-Statistik/Produkte/Kartoffeln/kartoffel_node.html (Zugriff 17.3.2011)

Bundesministerium für Gesundheit (Österreich): Begriffsbestimmungen betreffend Erzeugnisse, die den Eindruck erwecken, dass es sich bei dem Produkt um Käse handelt. www.bmg.gv.at/cms/home/attachments/3/5/2/CH1252/CMS1167208341459/begriffsbestimmung_kaese1.pdf (Zugriff 9.9.2009)

Coskuner Y., Ercan R., Karababa E., Nazlican A. N.: Physical and chemical properties of chufa (Cyperus esculentus L) tubers grown in the Cukurova region of Turkey. Journal of the Science of Food and Agriculture 82, 2002, S. 625–631.

Derndorfer E.: Tee ist nicht nur im Winter ein TEEMA! Ernährung aktuell (ÖGE) 4, 2010, S. 1–4.

Derndorfer E.: Sensorik und Geschmacksbildung IN: Muttenthaler, Limbeck-Lilienau, Zuna-Kratky (Hrsg): Geschmacksache. Was Essen zum Genuss macht. Technisches Museum Wien, 2008.

Derndorfer E.: Warum wir essen, was wir essen. Hubert Krenn VerlagsgesmbH, Wien, 2008.

Deutsche Gesellschaft für Ernährung: www.dge.de/modules.php?name=News&file=article&sid=585 (Zugriff 17.3.2011)

Deutscher Teeverband e.V.: www.teeverband.de/frames.html

Drake S. L., Yates M. D., Drake M. A.: Development of a flavor lexicon for processed and imitation cheeses. Journal of Sensory Studies 25, 2010, S. 720–739.

Edelbauer L. J.: Kaffee. Alles über ein Genußmittel, das die Welt veränderte. Pichler Verlag, Wien, 2000.

Eisinger K., Majchrzak D.: Aromastoffe in ausgewählten alltäglichen Lebensmitteln. Ernährung/ Nutrition 34, 2010, S. 14–21.

Elmadfa I., Freisling H., Nowak V., Hofstädter D. et al: Österreichischer Ernährungsbericht 2008. 1. Auflage, Wien, 2009.

Elwers S.: Zusammensetzung und histologische Verteilung der phenolischen Substanzen in Samen von Massen- und Edelkakao-Varietäten (Theobroma cacao L.). Dissertation, Universität Hamburg, 2008.

Etzlstorfer H. (Hrsg.): Küchenkunst & Tafelkultur. Kulinarische Zeugnisse aus der Österreichischen Nationalbibliothek. Christian Brandstätter Verlag, 2006.

Europäische Kommission Landwirtschaft und ländliche Entwicklung: Newsletter 2010. Landwirtschaftliche Erzeugnisse mit g.U. oder g.g.A.: Mehr als 800 Produkte und ein Umsatz von 14,2 Mrd. EURO.

Europäische Kommission Landwirtschaft und ländliche Entwicklung. http://ec.europa.eu/agriculture/quality/schemes/index_de.htm (Zugriff 27.9.2010)

Fassbender W.: Subjektiv, aber kompetent. Die Grundlagen der modernen Restaurantkritik. Journal Culinaire 8, 2009, S. 104–111.

Finstermann E.: Käseland Schweiz. Skriptum Wifi Diplom-Sommelier-Ausbildung. Auflage 4, August 2009.

Grabner M.: Chili, Paprika und Peperonisorten für den Hausgarten. Avbuch im Cadmos Verlag, 2011.

Griese M., Lippold B.: Das kleine, schokoladige Extra. IN: Platt T. (Hrsg.) Genussbarometer Deutschland, Christoph Links Verlag 2004, S. 64–68.

Harhar H., Gharby S., Guillaume D., Charrouf Z.: Effect of argan kernel storage conditions on argan oil quality. European Journal of Lipid Science and Technology 112, 2010, S. 915–920.

Hartl F., Wagner C.: Feinste Öle. Kochen und Genießen mit edlen Essenzen. Pichler Verlag, 2006.

Heistinger A., Arche Noah: Handbuch Bio-Gemüse. Sortenvielfalt für den eigenen Garten. Löwenzahn Verlag, 2010.

Hsiang-fan H., Steenberg C.: Das Geheimnis des Tees. Theseus Verlag, 2009.

Iburg A.: Dumonts kleines Gewürz Lexikon. Herkunft Geschmack Verwendung Rezepte. DuMont Monte Verlag, Köln, 2002.

ICO International Coffee Organization: www.ico.org/vocab.asp (Zugriff: 6.11.2010).

Illy E.: Von der Bohne zum Espresso. Spektrum der Wissenschaft, Mai 2003, S. 82–87.

Kennedy J., Heymann H.: Projective mapping and descriptive analysis of milk and dark chocolates. Journal of Sensory Studies 24, 2009, S. 220–233.

Kirchner-Danzinger S., Yeh H.-W.: Die Welt in einer Schale Tee. Was Sie schon immer über Tee wissen sollten. WIFI Linz, Seminarunterlagen, 17.1.2011.

Koller B., Reisinger J. Liehwehr S.: Arche Noah Kochbuch der geretteten Obst- und Gemüsesorten. Christian Brandstätter Verlag 2011.

Kovács Z., Dalmadi I., Lukács L., Sipos L., Szántai-Köhegyi K., Kókai Z., Fekete A.: Geografical origin identification of pure Sri Lanka tea infusions with electronic nose, electronic tongue and sensory profile analysis. Journal of Chemometrics 24, 2010, S. 121–130.

Kunze B., Kraft A.: Nicht ohne meine Bohne. Genussmagazin 1, 2011, S. 54–59.

Landimpulse & Arche Noah & Lako (Hrsg.): Gemüseraritäten & Sortenspezialitäten in Garten und Küche. Sammelodrner, o.J.

Land Oberösterreich, OÖ Akademie für Umwelt und Natur, Institut für Naturschutz: Alte Gartenpflanzen neu entdeckt. Linz, 2007.

Lee J., Chambers D. H.: A lexicon for flavor descriptive analysis of green tea. Journal of Sensory Studies 22, 2007, S. 256–272.

Lee S-M, Chung S-J, Lee O-H, Lee H-S, Kim Y-K, Kim K-O: Development of sample preparation, presentation procedure and sensory descriptive analysis of green tea. Journal of Sensory Studies 23, 2008, S. 450–467.

Leitner D., Leitner C.: Tee Sommelière/Sommelier Ausbildung. Skriptum, WIFI OÖ, 2010.

Mazzucchelli R., Guinard J-X: Comparison of monadic and simultaneous sample presentation modes in descriptive analysis of milk chocolate. Journal of Sensory Studies 14, 1999, S. 235–248.

McFadden C., France C.: Schokolade. Der zarte Genuss. Bechtermünz Verlag, 1997.

Michel J.-B., Shen Y. K., Aiden A. P., Veres A., Gray M. K., Brockman W., The Google Books Team, Pickett J. P., Hoiberg D., Clancy D., Norvig P., Orwant J., Pinker S., Nowak M. A., Aiden E. L.: Quantitative Analysis of Culture Using Millions of Digitized Books. Science, Published online ahead of print: 12/16/2010.

Mönch A.: EU: Analogkäse muss künftig gekennzeichnet werden. Verbraucherminister einigen sich auf strengere Vorschriften. Landwirtschaftskammer Österreich, www.landwirtschaftskammer.at/index (7.12.2010).

Morales-Hernández N., Castaño-Tostado E., Amaya-Llano S. L., Martínez-Bustos F., Escamilla-Santana C.: Characterization and acceptability of Oaxaca-type cheese analogs. Pangborn Sensory Science Symposium, Minneapolis 2007, Poster.

Neumayer W.: Irreführung durch „Lebensmittelimitate"? Ein Beitrag zur Analogkäse- und „Schummelschinken"-Diskussion. Ernährung/Nutrition 6, 2010, S. 269–274.

Ögütcü M., Yilmaz E.: Comparison of the virgin olive oils produced in different regions of turkey. Journal of Sensory Studies 24, 2009, S. 332–353.

O.V.: Welche Typen von Kaffeetrinkern gibt es? Ernährungsumschau 52, 2005, S. 163.

O.V.: Kein steirischer Brauch. Konsument Heft 6, 2009, S. 10–13.

O.V.: Auf den Spuren der Erdmandel. Arche Noah Magazin 4, 2007, S. 7–8.

Palme W., Reisinger J., Dungl-Krist C., Dungl-Zauner A.: Faszination Gemüse. Spezialitäten für Garten, Küche & Gesundheit. Lebensqualität – Verein zur Förderung umweltbewusster Lebensführung (Hrsg.). avBuch, 2006.

Pereira R. B., Bennet R. J., Luckman M. S.: Instrumental and sensory evaluation of textural attributes in cheese analogs: a correlation study. Journal of Sensory Studies 20, 2005, S. 434–453.

Prawira M., Barringer S. A.: Effects of conching time and ingredients on preference of milk chocolate. Journal of Food Processing and Preservation 33, 2009, S. 571–589.

Rathmanner T.: Vergessenem Gemüse auf der Spur. Ernährung Heute 3, 2009, S. 12–13.

Renebarg T.: Tee-Tied. Die ostfriesische Teekultur. Grabener Verlag, 2009.

Rias-Bucher B.: Exotisches Gemüse. Der Guide für Feinschmecker. Heyne Verlag, 1998.

Roth K.: Manche mögen's scharf. Die Skala des Wilbur Lincoln Scoville. Chemie in unserer Zeit 44, 2010, S. 138–151.

Ruckser E.: Bio, Besser, Bunter. Slow (Magazin der österreichischen Slow Food Convivien) 1, 2010, S. 20–22.

Schleicher P.: Argan-Öl. Die heilende Wirkung des marokkanischen Goldes. Südwest Verlag, München, 2010.

Schmidt R.: Tee. Der Guide für Kenner und Geniesser. Heyne Verlag, 1997.

Schubert E.: Essen und Trinken im Mittelalter. Primus Verlag, 2. Auflage, 2010.

Seefeldt H. F., Tønning E., Thybo A. K.: Exploratory sensory profiling of three culinary preparations of potatoes (Solanum tuberosum L.). Journal of the Science of Food and Agriculture 91, 2011, S. 104–112.

Selius C.: Das kleine Tee-Abc. Südwest Verlag, 2000.

Seo H.-S., Lee S.-Y., Hwang I.: Development of sensory attribute pool of brewed coffee. Journal of Sensory Studies 24, 2009, S. 111–132.

Siegrist M., Cousin M.-E.: Expectations influence sensory experience in a wine tasting. Appetite 52, 2009, S. 762–765.

Technisches Museum Wien: Von Emmer bis Waldstaudenkorn. Alte Getreidesorten neu entdeckt. 2009.

This-Benckhard H.: Rätsel der Kochkunst. Naturwissenschaftlich erklärt. Springer Verlag Berlin Heidelberg, 1996.

Thompson J. L., Drake M. A., Yates M. D.: Preference Mapping of Commercial Chocolate Milks. Journal of Food Science 69, 2004, S. 406–413.

Thorn J.: Kaffee. Das Handbuch für Genießer. Benedikt Tachen Verlag, Köln, 1999.

Unruh M.: Cyperus esculentus L: (Erdmandel) an der Mittleren Elbe norwestlich Dessua. Mitt. Florist. Kart. Sachsen-Anhalt, Halle 10, 2005, S. 39–41.

Valentová H., Pokorný J.: Effect of edible oils and oil emulsions on the perception of basic tastes. Nahrung 42, 1998, S. 406–408.

Verordnung (EG) Nr. 1234/2007, Artikel 118.

Waldherr G.: Drei Sterne für ein Halleluja. Brandeins 10, 2010, S. 134–141.

Willan A.: Die große Schule des Kochens. Zutaten – Techniken – Rezepte. Christian Verlag, 14. Auflage, 2009.

www.derstandard.at: Kochen und Würzen mit Tee. 6.11.2009

www.kaffeeteeverband.at/cms/cms.php

www.theobroma-cacao.de (Zugriff 20.10.2010)

www.icco.org/about/growing.aspx (19.2.2011)

http://gesundesleben.at/nachrichten/2009/juli/schummel-schinken. „Aufregung um Schummel-Schinken". Artikel vom 7.7.2009 (Zugriff 11.9.2010).

www.ecropolis.eu/ (Zugriff 26.9.2010)

www.baes.gv.at/uploads/media/Sortenliste_Einleitung_2011-01-15.pdf (Zugriff 17.3.2011)

www.berggetreide.ch/Archiv/AlpineKulturpflanzen.pdf (Zugriff 17.3.2011)

www.agroscope.admin.ch/data/publikationen/pub_BallmerT_2008_16987.pdf (Zugriff 18.3.2011)

www.provinz.bz.it/altreierkaffee/verwaltung/409.asp (Zugriff 17.3.2011)

www.noirmoutier-coop.com (Zugriff 16.3.2011)

www.prospecierara.ch/ (Zugriff 25.3.2011)
www.kamut.com/de/index.html (20.4.2011)
www.nutzpflanzenvielfalt.de/ (20.4.2011)
www.guinnessworldrecords.com/Search/Details/Hottestchili/49118.htm
http://thechillifactory.com/

Literatur zu Kapitel 3

Aaslyng M. D., Frøst M. B.: The effect of basic taste solutions and selected vegetable accompaniments on the sensory properties of porc. Journal of Sensory Studies 23, 2008, S. 720–742.

Aaslyng M. D., Frøst M. B.: The effect of the combination of salty, bitter and sour accompaniment on the flavour and juiceness of porc patties. Journal of Sensory Studies 25, 2010, S. 536–548.

Bastian S. E. P., Collins C., Johnson T. E.: Understanding consumer preferences for Shiraz wine and Cheddar cheese pairings. Food Quality Preference 21, 2010, 2010, S. 668–678.

Belitz H.-D., Grosch W., Schieberle P.: Lehrbuch der Lebensmittelchemie. Springer Verlag, 6. Auflage, 2008.

Buchart K.: Traditionalle Europäische Heilkunde & Alpine Esskultur. VEÖ-Success Workshop, 26.11.2009.

Buchart K.: Traditionalle Europäische Diätetik. Ernährung Heute 3, 2010, S. 5–7.

Burghardt A.: Auf Öl gestoßen. À la Carte 4, 2010, S. 97–98.

Caporale, G., Carlucci, A., Monteleone, E.: Wine and cheese combination: Effect on sensory perception. Pangborn Sensory Science Symposium, Minneapolis 2007, Poster P3.30.

Derndorfer E.: Food Pairing. Käse mit Schokolade. Deutsche Molkerei Zeitung 2, 2011, S. 34–35.

Derndorfer E.: Food Pairing – eine SINNfonie des Geschmacks. Ernährung Heute 2, 2010, S. 12–13.

Derndorfer E., Baierl A.: Development of an Aroma Map of Spices by Multidimensional Scaling. Journal of Herbs, Spices and Medicinal Plants 12, 2006, S. 39–50.

Donadini G., Spigno G., Fumi M. D., Pastori R.: Evaluation of Ideal Everyday Italian Food and Beer Pairings with Regular Consumers and Food and Beverage Experts. Journal of the institute of brewing, 114, 2008, S. 329–342.

Doppler dell' Olio U.: Sensorische Wahrnehmung und Veränderung der Grundgeschmacksarten von Camembert und Blaufränkisch in Kombination. Diplomarbeit, FH-Studiengänge Burgenland, 2010.

Dürrschmid K.: Zur Sensorik von Madeleines und Tee in Marcel Prousts „Auf der Suche nach der verlorenen Zeit". Internationaler Arbeitskreis für Kulturforschung des Essens. Mitteilungen 11, 2003, S. 12–23.

Einzengruber J.: Skriptum „Käse und Getränke", Ausbildung Diplom-Käsesommelier (WIFI), 2. Auflage, 2009.

Gyllander V.: Der lächelnde Mörder. Btb, Deutsche Erstveröffentlichung, 2010.

Harrington R. J., Miszczak D. C., Ottenbacher M. C.: The impact of beer type, pizza spiciness and gender on match perceptions. PASOS Revista de Turismo y patrimonio Cultural 6, 2008, S. 173–188.

Iburg A.: Dumonts kleines Gewürz Lexikon. Herkunft Geschmack Verwendung Rezepte. DuMont Monte Verlag, Köln, 2002.

King M., Cliff M.: Evaluation of ideal wine and cheese pairs using a deviation-from-ideal scale with food and wine experts. Journal of Food Quality 28, 2005, S. 245–256.

Kunze B.: Scharf kombiniert. www.genuss-magazin.eu/index.php?id=2500,4480853, Artikel vom 28.2.2009, Zugriff am 12.9.2010.

Madrigal-Galan B., Heymann H.: Sensory Effects of Consuming Cheese prior to evaluating red wine flavour. Am. J. Enol Vitic. 57, 2006, S. 12–22.

Nygren I. T., Gustafsson I.-B., Öström A., Johansson L.: Different tasting techniques showed similar results of how dry white wines affect the sensory profiles of blue mould cheese. Pangborn Sensory Science Symposium, Dijon 2001, Poster P034.

Nygren I. T., Gustafsson I.-B., Johansson L.: Perceived flavour changes in white wine after tasting blue mould cheese. Food Service Technology 2, 2002, S. 163–171.

Nygren I. T., Gustafsson I.-B., Haglund A., Johannson L., Noble A. C.: Flavor changes produced by wine and food interactions: Chardonnay wine and hollandaise sauce. Journal of Sensory Studies 16, 2001, S. 461–470.

ORF Burgenland, Mahlzeit. Schwammerlzeit: Kaffeenudeln mit Pilzen. http://burgenland.orf.at/magazin/imland/mahlzeit/stories/459322/

Österreich Wein Marketing GmbH, Verein Käsesommelier Österreich: Käse & Wein. Broschüre.

Österreich Wein Marketing GmbH, Gault Millau: Spargel & Wein. Broschüre.

Schiffner K.: Bierige Eiszeit. Genuss.bier.pur 1, 2010, S. 13.

Schleicher P.: Argan-Öl. Die heilende Wirkung des marokkanischen Goldes. Südwest Verlag, München, 2010.

Schöggl K., Widhalm K.: Soja: Den „inneren Werten" auf der Spur. Journal für Ernährungsmedizin Heft 1, 2011, S. 35–39.

Schubert E.: Essen und Trinken im Mittelalter. Primus Verlag, 2. Auflage, 2010.

Tamura T., Taniguchi K., Suzuki Y., Okubo T., Takata R., Konno T.: Iron is an essential cause of fishy aftertaste formation in wine and seafood pairing. Journal of Agricultural and Food Chemistry 57, 2009, S. 8550–8556.

Tuorila H., Hyvönen L., Vainio L.: Pleasantness of cookies, juice and their combinations rated in brief taste tests and following ad libitum consumption. Journal of Sensory Studies 9, 1994, S. 205–216.

Vilgis T.: Kochuniversität Geschmack. Tre Torri Verlag, 2010.

Von Paczensky G., Dünnebier A.: Kulturgeschichte des Essens und Trinkens. Orbis Verlag 1999.

Von Randow G.: Genießen. Eine Ausschweifung. Dtv, 3. Auflage, 2005

Wiener Schnitzel: www.traditionelle-lebensmittel.at/article/articleview/82818/1/26099/ (Zugriff 20.3.2011)

www.foodpairing.be/ sowie **www.foodpairing.com**

www.kimkocht.at

Literatur zu Kapitel 5

Andani Z., Jaeger S. R., Wakeling I., MacFie H. J. H.: Mealiness in Apples: Towards a Multilingual Consumer Vocabulary. Journal of Food Science 66, 2001, S. 872–879.

Appelbye U., Randell K., Melasniemi M.: A Flavour wheel for cheese. 3rd Pangborn Sensory Science Symposium, Alesund, 1998.

Bárcenas P., Pérez Elortondo F. J., Albisu M.: Sensory comparison of several cheese varieties manufactured from different milk sources. Journal of Sensory Studies 20, 2005, S. 62–74.

Castro-Vázquez L., Díaz-Maroto M. C., de Torres C., Pérez-Coello M. S.: Effect of geographical origin on the chemical and sensory characteristics of chestnut honeys. Food Research International 43, 2010, S. 2335–2340.

Causse M., Friguet C., Coiret C., Lépicier M., Navez B., Lee M., Holthuysen N., Sinesio F., Moneta E., Grandillo S.: Consumer Preferences for Fresh Tomato at the European Scale: A Common Segmentation on Taste and Firmness. Journal of Food Science 75, 2010, S. 531–541.

Chambers D. H., Esteve E., Retiveau A.: Effect of milk pasteurization on flavor properties of seven commercially available French cheese types. Journal of Sensory Studies 25, 2010, S. 494–511.

Chapman K. W., Lawless H. T., Boor K. J.: Quantitative descriptive analysis and principal component analysis for sensory characterization of ultrapasteurized milk. Journal of Dairy Science 84, 2001, S. 12–20.

Delwiche, J. F.: Impact of Color on Perceived Wine Flavor. Foods Food Ingredients, J. Jpn. 208, 2003, S. 349–352.

Derndorfer E. Weinsensorik. Von der Wissenschaft zur Praxis. avbuch, August 2009.

Derndorfer E.: Lebensmittelsensorik. Facultas.wuv, 3. Auflage, 2010.

Derndorfer E.: Sensorische Analyse von Milch und Milchprodukten. IN: Busch-Stockfisch (Hrsg.): Praxishandbuch Sensorik in der Produktentwicklung und Qualitätssicherung. Behr's Verlag Aktualisierungsauflage 14.10.2006.

Derndorfer E.: Sensorische Untersuchungen zu Oxalsäure als Geschmackskomponente in Lebensmitteln. Dissertation, Wien, 1999.

Folkenberg D. M., Martens M.: Sensory properties of low fat yoghurts. Part A: Effect of fat content, fermentation culture and addition of non-fat dry milk on the sensory properties of plain yoghurts. Milchwissenschaft 58, 2003, S. 48–51.

Frøst M.B., Dijksterhuis G., Martens M.: Sensory perception of fat in milk. Food Quality and Preference 12, 2001, S. 327–336.

Galán-Soldevilla H., Ruiz-Pérez-Cacho M. P., Serrano Jiménez S., Jodral Villarejo M., Bentabol Manzanares A.: Development of a preliminary sensory lexicon for floral honey. Food Quality and Preference 16, 2005, S. 71–77.

Green-Petersen D. M. B., Nielsen J., Hyldig G.: Sensory profiles of the most common salmon products on the Danish market. Journal of Sensory Studies 21, 2006, S. 415–427.

Harper S. J., Barnes D. L., Bodyfelt F. W., McDaniel M. R.: Sensory ratings of commercial plain yoghurts by consumer and descriptive panels. Journal of Dairy Science 74, 1991, S. 2927–2935.

Hunter E. A., McEwan J. A.: Evaluation of an international ring trial for sensory profiling of hard cheese. Food Quality and Preference 9, 1998, S. 343–354.

King S. C., Lawler P. J., Adams J. K.: Effect of aspartame and fat on sweetness perception in yoghurt. Journal of Food Science 65, 2000, S. 1056–1059.

Kraft A.: Korn des Lebens. Genussmagazin Heft 2, 2009, S. 8–17.

Kraft A.: Das weiße Gold Kampaniens. Mozzarella im Test. Genussmagazin Heft 4, 2010, S. 24–29.

Krumbein A., Auerswald H.: Characterization of aroma volatiles in tomatoes by sensory Analyses. Nahrung 42, 1998, S. 395–399.

Larráyoz P., Mendía C., Torre P., Barcina Y., Ordóñez A. I.: Sensory profle of flavour and odor characteristics in roncal cheese made from raw ewe's milk. Journal of Sensory Studies 17, 2002, S. 415–427.

Lawlor J. B., Delahunty C. M.: The sensory profile and consumer preference for ten speciality cheeses. International Journal of Dairy Technology 53, 2000, S. 28–36.

Limpawattana M., Shewfel R. L.: Flavor Lexicon for Sensory Descriptive Profiling of Different Rice Types. Journal of Food Science 75, 2010, S. 199–205.

Phillips L. G., McGiff M. L., Barbano D. M., Lawless H. T.: The influence of fat on the sensory properties, viscosity, and color of lowfat milk. Journal of Dairy Science 78, 1995, S. 1258–1266.

Piana M. L., Persano Oddo L., Bentabol A., Bruneau E., Bogdanov S., Guyot Declerck C.: Sensory analysis applied to honey: state of the art. Apidologie 35, 2004, S. 26–37.

Raphael, C.: Reden über Wein. Studien zum kommunikativen Wert verbaler Weinbeschreibungen. VDM Verlag Dr. Müller, 2007.

Rétiveau A., Chambers D. H., Esteve E.: Developing a lexicon for the flavor description of French cheeses. Food Quality and Preference 16, 2005, S. 517–527.

Reverdy C., Chesnel F., Schlich P. et al. Effect of sensory education on willingness to taste novel food in children. Appetite 51, 2008, S. 156–165.

Salvador A., Fiszman S. M.: Textural and sensory characteristics of whole and skimmed flavored set-type yoghurt during long storage. Journal of Dairy Science 87, 2004, S. 4033–4041.

Schubring R., Oehlenschläger J.: Fische und Fischerzeugnisse. IN: Busch-Stockfisch (Hrsg): Praxishandbuch Sensorik in der Produktentwicklung und Qualitätssicherung. Behr's Verlag, 2006.

Sinesio F., Moneta E., Prepario M.: Sensory characteristics of traditional field grown tomato genotypes in Southern Italy. Journal of Food Quality 30, 2007, S. 878–895.

Swahn J., Öström A., Larsson U., Gustafsson I.-B.: Sensory and semantic language model for red apples. Journal of Sensory Studies 25, 2010, S. 591–615.

Talavera-Bianchi M., Chambers E. IV, Chambers D.H.: Lexicon to describe flavour of fresh leafy vegetables. Journal of Sensory Studies 25, 2010, 163–183.

Talavera-Bianchi M., Chambers E. IV, Chambers D. H.: Describing flavor using fewer and simpler „hits" (high identity traits) profiling: an example with cheese. Journal of Sensory Studies 25, 2010, S. 481–493.

Talavera-Bianchi M., Chambers D. H.: Simplified lexicon to describe flavour characteristics of Western European cheeses. Journal of Sensory Studies 23, 2008, S. 468–484.

Tandon K. S., Baldwin E. A., Scott J. W., Shewfelt R. L.: Linking Sensory Descriptors to Volatile and Nonvolatile Components of Fresh Tomato Flavor. Journal of Food Science 68, 2003, S. 2366–2371.

Visser J., Kroeze J. H. A., Kamps W. A., Bijleveld C. M. A.: Testing taste sensitivity and aversion in very young children: development of a procedure. Appetite 34, 2000, S. 169–176.

Yau N. J. B., Huang J. J.: Sensory analysis of cooked rice. Food Quality and Preference 7, 1996, S. 263–270.

http://www.enterisi.it/ (Zugriff 2.1.2011)

Abbildungsverzeichnis

Nachsatz: © Andreas Baierl & Eva Derndorfer

Seite 2–7, 10–11, 24, 28–29, 40, 42, 45, 47, 48, 51, 53, 54, 61, 63, 65, 67, 68, 69, 73, 75, 78, 81, 82, 84, 86, 87, 89, 91, 93, 94, 96, 97, 98, 99, 100, 103, 104, 110–111, 112, 114, 118, 120, 129, 134–135, 154–155, 158, 160, 161, 162, 163, 165, 166, 167, 169, 171, 172, 174, 177, 178, 187, 188, 190–191, 193, 213: © Andreas Baierl & Eva Derndorfer

Seite 13: © Stephan Eckardt, Archäologisches Institut der Universität Göttingen

Seite 46: © Daniela Gassner

Seite 138: © RED BULL HANGAR-7 GmbH

Seite 140: © Edith Walzl

Seite 143: © Gabriele Gansler

Seite 145: © Ute Woltron

Seite 147: © Martin Josef Felhofer

Seite 149: © Wilke

Seite 152: © Rainer Lutz

Seite 159: © Franz Derndorfer

Seite 176: © Comugnero Silvana – fotolia.com

Seite 186: © Valeriy Lebedev – shutterstock.com

Seite 212: © Matthias Fenzl

Sachregister

Danke!

Ich möchte mich ganz herzlich bei meinen Interviewpartnern und Interviewpartnerinnen – Eckart Witzigmann, Eva Rossmann, Rainer Lutz, Marlies Gruber, Ute Woltron, Abt Martin Josef Felhofer und Gabriele Gansler – für ihre raschen Rückmeldungen, ihre unkomplizierte Art und die spannenden Antworten auf meine Frage bedanken. Die Interviews haben mich zwischenzeitlich immer sehr beim Schreiben motiviert!

Was wäre ein Genussbuch ohne Bilder? Fast alle Fotos sind das Ergebnis zahlreicher Stunden, Abende und Wochenenden, die mein Lebensgefährte Andreas Baierl und ich mit Kamera und Lichtbox verbrachten. Aus dem entstandenen Pool an Fotos kann ich noch länger schöpfen …!

Meiner Mutter, Gertrud Derndorfer, danke ich für das kritische Lektorat des fast fertigen Textes. Neben Ostereiern gab es für sie Osterlektüre, bevor ich mich in meine Endkorrekturen gestürzt habe!

Bei Dr. Sigrid Neulinger vom Maudrich Verlag bedanke ich mich für die gute Zusammenarbeit. Letztlich war ihre Anfrage an mich der Auslöser für das vorliegende Werk, dessen Entstehung wir – passend zum Thema – im Kaffeehaus beschlossen haben!

Meinen Freundinnen und Freunden danke ich für viele Gedanken, Anregungen und Gespräche zu diesem Buch.